CORPS ET CIVILISATION

DU MÊME AUTEUR

À LA MÊME LIBRAIRIE

— *La pensée éducative contemporaine*, 2ème édition revue et mise à jour, 160 p., in-8°, 1982.
— *De la gymnastique aux sports modernes. Histoire des doctrines de l'éducation physique*. 3ème édition revue, corrigée et augmentée d'un essai : Que faut-il entendre par éducation physique?, 508 p., in-8°, 1989.

PROBLÈMES ET CONTROVERSES

CORPS ET CIVILISATION

Education physique, médecine, sport

par

Jacques ULMANN

Professeur émérite à l'Université de Paris I

PARIS
LIBRAIRIE PHILOSOPHIQUE J. VRIN
6, Place de la Sorbonne, Ve

1993

Nous remercions sincèrement les différentes revues dans lesquelles les articles ici réunis sont originellement parus d'avoir bien voulu nous autoriser à les reproduire.

Printed in France

ISSN 0249-7875

ISBN 2-7116-1159-0

A Georges Canguilhem

AVANT-PROPOS

Les articles et conférences qu'on trouvera en cet ouvrage concernent la médecine, l'éducation physique, la place qu'il convient de réserver à la culture du corps dans l'enseignement supérieur.

Une histoire de l'idée de corps eût donc été souhaitable qui aurait été conduite sur les plans philosophique et scientifique. Il ne nous a pas paru devoir la développer dans le présent cadre.

Cependant une réflexion qui s'attache au corps ne peut pas ne pas tenir compte des représentations les plus significatives auxquelles le corps a donné lieu. Il fallait aussi, pour bien les entendre, les situer dans le temps. C'est ce que tente de faire « une petite histoire de l'idée de corps ».

Nous nous sommes aussi efforcé de répondre à la question : « Qu'est-ce que le corps ? ».

CHAPITRE PREMIER

LE CORPS

A) PETITE HISTOIRE DE L'IDÉE DE CORPS

ANTIQUITÉ :

Héllénisme

On pourrait penser que le corps s'est imposé dans toute sa présence et sa matérialité avant que l'âme ne fût découverte et nommée. Il n'en a rien été.

La signification du mot *sôma*, d'abord, est particulièrement équivoque. Il désigne, chez Homère, le cadavre[1]. Quoique les présocratiques donnent dans leur explication du monde et dans leur représentation de l'homme une place essentielle au jeu des oppositions, on ne trouve pas chez eux « l'opposition de la matière et de l'esprit. Les oppositions de remplacement, comme celle du rare et du dense, du lumineux et de l'obscur possèdent un autre sens »[2]. L'expression « avec un corps » est employée mais « pour dire une chose que nous concevons mal. Cette chose possède extension, force et surtout présence avec un impact sur la sensibilité. Même les dieux de la traditon grecque possèdent un corps »[3].

1. Cf. références *in* Dictionnaire Bailly, s. v. sôma.
2. Ramnoux in *Histoire de la Philosophie*, Pléiade p. 406.
3. *Idem, ibidem.*

La découverte de l'âme qui, au cours de l'histoire, sera opposée au corps et sera le facteur essentiel de sa détermination ne s'est pas faite d'un seul coup.

L'âme homérique est double. La psyché (ψυχή) désigne le souffle qui disparaît avec la vie, et par suite la vie. Le thumos (θυμός de θύω : s'élancer) évoque un élan : aussi bien celui du sang qui gicle que celui de l'esprit qui s'élance. Le mort possède une sorte d'existence, il en est le double : reflet atténué et pâle.

Avant le VIe siècle, psyché et thumos fusionnent ou, mieux, se produit une véritable « absorption du thumos par la psyché »[1]. Il est réservé au seul mot psyché de signifier l'âme.

A la fin du Ve siècle la Psyché se purifie. Pythagore voit en l'homme un composé d'âme et de corps. Il admet que l'âme a pu vivre plusieurs vies, en compagnie de plusieurs corps. Il privilégie l'âme en lui accordant « plus de longévité, plus d'âge, de dignité, de mémoire. Mais cela ne veut pas dire que l'âme pythagorique fût esprit pur »[2]. Reste que l'âme et le corps ont été distingués et, avec eux, l'esprit et la matière[3].

A la même époque Héraclite faisait un sort à la Psyché qu'il identifiait au Feu, en raison sans doute de son immatérialité. « Tout comme, dans le macrocosme, le feu est identifié avec la seule sagesse, dans le microcosme le feu seul est conscient. Quand il a quitté le corps, ce qui reste, la terre et l'eau est absolument sans valeur »[4].

Anaxagore est, sans doute, de tous les socratiques, celui qui rapproche le plus l'âme du *Nous*, c'est-à-dire de l'Esprit, même si, dans l'explication qu'il donne de l'origine du monde, le *Nous*, comme le lui reprochent Platon[5] et Aristote[6] se trouve singulièrement naturalisé.

Socrate a purifié l'âme de toute la matérialité qu'elle charriait et de son ambiguïté. L'âme est pour lui Pensée et elle est immortelle. Elle devra se préparer à la vie qui sera la sienne

1. Saffrey, article âme. *Encyclopédia Universalis*, t. 1, 1024.
2. Ramnoux, lexique cité, p. 429.
3. *Ibidem*, p. 430.
4. Burnet, *Aurore de la Philosophie grecque*, traduction Reymond, p. 171.
5. Platon, *Phédon* 97 b 8.
6. Aristote, *Métaphysique* L 4, 905 a 18.

après la mort du corps en s'efforçant d'ores et déjà de se déprendre de lui. (Héraclite avait déjà dissocié l'âme du corps).

Platon admet lui aussi [1] dissociation et opposition du corps et de l'âme. «Le corps est obstacle à la vie de l'âme qu'il tient captive par ses désirs et ses passions. Les réalités vraies : justice, bien, grandeur, force, santé, inaccessibles aux facultés du corps ne sont perçues que par l'âme» [2].

L'âme, toutefois, n'est pas simple. Platon distingue trois âmes : la plus basse est celle des passions et des désirs, la plus élevée est «de même structure que l'âme du monde» [3]. Il faut, pense Platon, établir, entre l'âme et le corps, des rapports conformes à ceux que soutiennent l'un avec l'autre l'Ame et le Corps du Monde. L'entreprise suppose une connaissance de leurs rapports idéaux. Une réflexion philosophique les déterminera. La morale et la gymnastique s'en inspireront. Dans un cas comme dans l'autre les mêmes traits du corps seront retenus. Ils permettent de constater une hostilité du corps à l'égard de l'âme, pour le moins une méconnaissance. Mais ces traits peuvent être modifiés. Le corps s'y prête. La gymnastique l'y aidera si elle sait s'inspirer d'une conception philosophique de ce corps lui-même et des valeurs qu'il faut l'amener à poursuivre.

Selon Aristote, un corps animé est celui qui est capable de recevoir la vie, c'est-à-dire, dans le langage aristotélicien, qui a «la vie en puissance». Un corps en puissance, ou potentiel, ne deviendra un corps effectif qu'à condition que l'âme lui permette de s'accomplir en lui conférant la vie [4].

Ame et corps, forme et matière sont donc étroitement liés. Leur relation est telle qu'on peut dire d'Aristote qu'il se tient «également éloigné d'un matérialisme qui réduit l'âme à une

1. Pour plus de précisions, cf. Ulmann, *De la gymnastique aux sports modernes*, pp. 33-49.

2. Rivaud, *Histoire de la philosophie*, t. 1, p.186.

3. Rivaud, p.209.

4. C'est pourquoi l'âme est dite : «entéléchie première du corps naturel ayant la vie en puissance» (*De Anima* II, 1, 19). Le mot «entéléchie» signifie accomplisement.

résultante du corps et d'un spiritualisme qui rompt la solidarité de l'âme avec le corps» [1].

La pensée aristotélicienne aura dans l'histoire des doctrines de la vie une très grande importance [2]. Nous retiendrons plus particulièrement qu'elle est à l'origine de l'animisme et du vitalisme. Elle se heurtera, nous le verrons, au mécanisme cartésien.

Judaïsme et Christianisme

Selon le judaïsme, «L'Eternel Dieu forma l'homme de la poussière de la terre, il fit pénétrer dans ses narines un souffle de vie et l'homme devint un être vivant» [3]. C'est sans doute aux environs du Ve siècle avant notre ère, «à cette époque marquée par la chute de l'empire perse que commença à se préciser chez certains la croyance (stimulée par des idées iraniennes) dans la survie et dans la résurrection des morts, un jugement universel décidant à tout jamais du destin de chacun [4].

Pour le christianisme, pareillement, si la chair est mortelle, l'esprit, lui, ne meurt pas [5]. Un jour, toutefois, s'accomplira, comme le dit Saint Paul, la résurrection des corps.

La notion de corps a donc exigé, pour s'élaborer que fût admise la scission d'avec l'âme. C'est en fonction de ce qui n'est pas lui, de ce qui est foncièrement différent de lui et s'oppose à lui que le corps se définira. A l'encontre du principe immatériel, il connaîtra le changement sous toutes ses formes, y compris la plus totale : la mort.

XVIIe et XVIIIe SIÈCLES

Il faut se garder de mal interpréter la distinction que le XVIIe et surtout le XVIIIe siècle établissaient entre philosophe et

1. J. Moreau, *Aristote et son école*, 1962, p.162 .
2. Rivaud, *Histoire de la philosophie*, t. 1, p. 296.
3. Genèse II, 7.
4. Vajda, La religion juive *in* Encyclopedia Universalis, article judaïsme, t. 2, p. 670.
5. Saint Paul aux Romains, «Si vous vivez selon la chair, vous devez mourir; mais si, par l'esprit vous faites mourir les œuvres du corps, vous vivrez». 8, 13.

savant. Le sens qui est aujourd'hui le leur risque de tromper. Tous deux étaient alors synonymes. «Philosophe, philosophie signifient souvent : savant, science jusqu'au XVIIIe siècle» [1]. Lorsque science et philosophie furent disjointes, ce fut sans doute en raison de leur différence de méthode et de certitude.

On ne saurait, en tout cas, s'agissant des connaissances des hommes du XVIe siècle, leur reconnaître un caractère scientifique dès lors qu'elles concernent la vie. «La description du monde vivant du XVIe siècle est remplie des monstres les plus variés... Dans chaque «Histoire» des êtres vivants, dans celle des oiseaux ou celle des poissons, des êtres fabuleux viennent cotoyer les êtres de chaque jour» [2].

Le XVIIe va procéder à ce que F. Jacob nomme «le décryptage de la nature». «A l'âge classique vont progressivement se préciser les deux courants qui se dessinent dans l'étude des êtres vivants : la physiologie, issue de la médecine et l'histoire naturelle liée à l'inventaire des objets de ce monde» [3]. Le mécanisme dira la manière dont le fonctionnement de la vie doit être représenté. Mais, en outre, le XVIIIe préludera à l'apparition d'une véritable science de la vie. «L'idée de reproduction, la recherche d'un mécanisme commun à tous les êtres vivants, la nécessité de dépasser la surface visible et de recourir à une argumentation cachée, tout cela va contribuer à rendre possible une biologie» [4]. Cette biologie se recommandera du vitalisme.

A côté des sciences, la philosophie. Le Cogito fournit à Descartes la certitude de son être : l'homme pense, il possède une âme qui se manifeste dans et par la pensée. Cette pensée, attribut de l'âme, est soigneusement distinguée de l'étendue, domaine du corps ; les phénomènes corporels, parce qu'ils appartiennent au domaine de l'étendue, ne peuvent trouver leur explication que dans le seul mécanisme. Donc tout ce qui est d'ordre corporel tire nécessairement son origine des lois du mouvement.

1. Bloch et V. Wartburg, article Philosophe du *Dictionnaire étymologique de la langue française*.
2. F. Jacob, *La logique du vivant*, p. 35.
3. *Ibid.*, p. 41.
4. *Ibid.*

A Descartes s'oppose Leibniz. Le corps, pour lui, n'est pas réductible à des mouvements. Le mécanisme cartésien est répudié : on ne saurait comparer cette «machine divine» [1] qu'est le corps aux «automates artificiels». Et quand bien même on accepterait, parlant du corps, de voir en lui une machine, il resterait que «les machines de la nature sont bien différentes des nôtres» [2]. Descartes s'est encore trompé, selon Leibniz, en ce qui concerne les corps – ceux des hommes comme ceux des animaux – lorsqu'il leur a conféré une réalité substantielle. «Le corps ne peut être appelé une substance que par abus. Son être est celui d'une machine ou d'un tas de pierres qui ne sont des êtres que par agrégation. L'arrangement régulier ou irrégulier ne fait rien à l'unité substantielle...» [3] Le corps est, pour Leibniz, un «agrégé de substances» [4]. Il est fait de substances indivisibles, ingénérables et incorruptibles. «Chaque corps vivant a une entéléchie [5] dominante qui est l'âme de l'animal» [6]. Le corps exprime l'univers et l'âme exprime ce qui se passe dans le corps. «Dieu a créé l'âme et le corps de telle sorte que chacun d'eux, sans faire autre chose que suivre ses propres lois qu'il a reçues dès l'origine avec son être, s'accorde de lui même avec l'autre» [7].

Le cartésianisme a isolé le corps de l'âme, en a fait une machine. Voltaire, lui, a renoncé décidément à savoir ce qu'est le corps. «De même, dit-il, que nous ne savons ce que c'est qu'un esprit nous ignorons ce que c'est qu'un corps; nous voyons quelques propriétés, mais quel est ce sujet en qui ces propriétés résident? Il n'y a que des corps, disaient Democrite et Epicure. Il n'y a point de corps, disaient les disciples de Zénon d'Elée» [8].

1. *Monadologie*, § 6.
2. *Monadologie*, § 24.
3. *A Arnauld*, 28 novembre-6 décembre 1686.
4. *A Arnauld*, 23 mars 1690.
5. La notion d'entéléchie exprime, pour Leibniz : 1) l'idée de perfection; 2) et aussi, conséquence de cette perfection, le fait qu'une substance, telle que le corps, est à l'origine des actes qu'elle accomplit.
6. *Monadologie*, § 70.
7. Boutroux, *Introduction à la Monadologie*, p. 48.
8. *Dictionnaire philosophique*, article «corps».

Nombreux, au XVIIIe, sont ceux qui ont fait œuvre originale. Diderot semble le plus remarquable pour la nouveauté et aussi la profondeur de ses thèses. *L'Entretien entre d'Alembert et Diderot* dénonce d'abord l'illogisme qui fait croire en un Dieu à la fois étendu et inétendu, « qui diffère de la matière et qui lui est uni... qui la meut sans se mouvoir » [1].

Le *Rêve de D'Alembert* fournit à l'homme une genèse, sans toutefois revendiquer pour elle une estampille ou une garantie scientifiques. – Il faut partir de la matière. Celle-ci est composée de molécules ; elle est, de surcroît mouvante. Il n'en faut pas davantage pour expliquer la vie : sa motricité est celle des molécules de la nature. En effet ces molécules, sensibles, vivantes, hétérogènes vont se fondre les unes dans les autres. « Un tissu de matière sensible » [2] se forme, que Maupertuis comparait déjà à un essaim d'abeilles « qui n'offre plus à nos yeux qu'un corps ». De même l'homme se résout en une infinité d'animalcules. Avant leur « organisation actuelle » les hommes n'étaient « qu'une substance molle, filamenteuse, informe, vermiculaire, plus analogue au bulbe et à la racine d'une plante qu'à un animal » [3]. A présent on parlera d'un réseau de fils [4] ou d'une araignée.

A partir de cette comparaison le corps humain se précise dans ses différents aspects et la diversité de ses comportements. Qu'un « fil du réseau sensible soit « blessé ou chatouillé sur toute sa longueur » [5], plaisir ou douleur en résultent. « C'est le rapport constant, invariable de toutes les impressions à cette origine commune qui constitue l'unité de l'animal... C'est la mémoire de toutes ces impressions successives qui fait pour chaque animal l'histoire de sa vie et de son soi »... » C'est la mémoire et la comparaison qui s'ensuivent nécessairement de toutes ces impressions qui font la pensée et le raisonnement » [6].

1. Entretien entre d'Alembert et Diderot in *Œuvres philosophiques de Diderot*, édition Vernière, Garnier, p. 257.
2. *Rêve de d'Alembert*, p. 290.
3. *Ibid.*, p. 323.
4. *Ibid.*, p. 326.
5. *Ibid.*, p. 329-330.
6. *Ibid*, p. 330.

Les savants du XVIIIe siècle ont donné, comme l'a bien montré F. Jacob, une place importante à la notion d'organisation. Il ne suffit pas de reconnaître les organes du vivant. Il faut savoir reconnaître de quelle façon ils s'articulent de manière à faire de l'organisme un ensemble intégré que la vie exige. D'où la recherche par la science d'un « plan d'organisation » [1].

XIXe et XXe SIÈCLES

Cuvier (1769-1832) est sans doute à l'origine d'une théorie de l'évolution. Il a affirmé, en effet, « la dispersion des formes vivantes, la brisure du temps qui les a créées, la gratuité de la variation... trois des préalables à toute théorie de l'évolution » [2].

Bien d'autres découvertes caractérisent le XIXe siècle [3] : « analyse chimique des grandes fonctions, étude de l'hérédité, celle des fermentations, synthèse totale de composés organiques ». Mais surtout, les objectifs d'une étude scientifique du corps sont modifiés. Elle s'emploie, comme précédemment, à étudier l'organisation, inséparable de la vie. Mais elle ne la considère plus comme permanente. L'évolutionnisme l'oblige à en faire l'histoire.

Les XIXe et XXe siècles ont vu se transformer les problèmes philosophiques pour des raisons différentes et qui peuvent éventuellement se cumuler. Dès l'apparition de la notion d'évolution en biologie, il a été impossible d'ignorer que le corps des animaux s'est transformé au cours des âges et que l'homme n'est, peut-être, que le dernier venu dans une série animale. Comment méconnaître dans une théorie de l'homme l'importance de la sexualité ? Comment ne pas affirmer, avec le marxisme la division économique des hommes en classes et l'importance déterminante dans une vie et une pensée humaines des facteurs maté-

1. Pour Buffon : « on trouvait toujours le même fond d'organisation » à travers le monde vivant. Pour Daubenton, il y avait un « dessein primitif et général ». Pour Vicq d'Azyr la nature semble « opérer toujours d'après un modèle primitif et général dont elle ne s'écarte qu'à regret ». Jacob, *loc. cit.*, p. 122.

2. Jacob, *loc. cit.*, p. 174.

3. *Ibidem*, p. 196.

riels, lors même qu'ils se dissimulent? Comment ignorer les orientations nouvelles d'une philosophie du corps?

Nous retiendrons quatre orientations différentes de la philosophie du corps et les emprunterons aussi bien au XIXe qu'au XXe siècle [1].

La première est spiritualiste. Elle admet l'existence d'un esprit ou d'un psychisme en fonction desquels la notion de corps trouve sa signification. Les philosophies de Biran et de Bergson offrent une image nette de cette orientation.

La seconde philosophie, que nous rencontrerons chez Sartre, unit à ce qu'on appelle couramment l'existentialisme une référence au transcendantal.

Une théorie matérialiste du corps trouvera son expression chez Engels, si proche de Marx.

Enfin le freudisme offrira une représentation du corps très popularisée et qui ne peut être ignorée.

Biran et Bergson théoriciens du corps

M. Gouhier a comparé de façon à la fois ingénieuse et profonde les démarches de Descartes, de Maine de Biran, de Bergson : « Je pense donc Je suis, dit Descartes; je veux donc je suis, dit Biran; je dure donc je suis, dit Bergson : trois attitudes originales, certes, et irréductibles mais elles appartiennent, semble-t-il, à la même lignée des philosophes qui, commençant par un repli de l'esprit sur son être propre, sont essentiellement 'de l'esprit' » [2].

Maine de Biran

S'il poursuit, comme Descartes, un fait primitif, Biran se refuse à considérer que ce fait soit fourni par le Cogito. Descartes a, selon lui, donné du Cogito une interprétation illicite. Le Cogito ne saurait établir l'existence d'une réalité substantielle. Le fait que je pense donne lieu, dans le Cogito, à un simple constat : quand je pense, je pense. Il ne permet pas, dans ces conditions, d'affirmer la permanence d'un Je, donc son caractère de sujet métaphysique.

1. Soucieuse de marquer des orientations, la présente classification n'est pas chronologique.

2. *Etudes sur l'histoire des idées en France*, 1980, p. 117.

Ce sujet, que le Cogito n'est pas en mesure de livrer, Biran pense le trouver dans l'effort moteur. Il s'agit là d'une expérience qui peut présenter différentes variétés. La plus simple consiste à vouloir fermer son poing et à le fermer.

D'une telle opération commune, Biran fait l'analyse. Elle devient le fondement de sa philosophie et comporte pour lui un double enseignement. Elle permet, en premier lieu, de considérer que l'existence du Je ne saurait être affirmée indépendamment de l'existence du corps. Elle fournit aussi une représentation de la manière dont l'existence du Je peut être envisagée : d'abord le Je n'est pas corporel, il est sujet. En outre il est connu à l'occasion d'une action exercée sur les organes, il sera dit hyperorganique.

Biran distingue le sujet et le corps tout en les tenant pour inséparables. Ainsi écrit-il : «mon corps et moi ne faisons qu'un»[1]. Mais le corps est un objet parmi les autres. «Mon corps», observe M. Gouhier, «réalise ce paradoxe d'être à la fois objet et immédiatement donné dans le sentiment que le sujet a de sa propre existence», «objet en tant qu'il est corps, en un sens sujet en tant qu'il est mien»[2].

Le corps constituera le plus bas des trois étages que comporte l'*Anthropologie* de Maine de Biran. A ce titre ne lui est attribué qu'un psychisme très élémentaire, «lié à des mouvements dont l'origine est un état du corps ou l'image d'un objet, non l'initiative du sujet»[3]. La «vie humaine» constituera l'instance immédiatement supérieure, celle du Moi. Elle comportera la conscience de soi et la volonté. La plus haute des instances est la vie de l'esprit, caractérisé par une passivité seulement ouverte à les influences d'en haut[4].

1. Manuscrit de 1815, publié sous le titre : «Notes sur quelques passages de l'Abbé de Lignac». Œuvres t. X, p. 358. Passage cité par M. Gouhier, *Maine de Biran par lui-même*, p. 121.

2. *Ibidem*.

3. *Ibidem*, p. 141.

4. *Ibidem*, p. 142.

Bergson

La conception bergsonienne du corps exige pour être entendue, une représentation de la vie, dont le corps est nécessairement dépendant [1].

La vie se manifeste d'abord sous la forme d'un élan, en opposition à la matière. « Toutes nos analyses nous montrent en effet dans la vie un effort pour remonter la pente que la matière descend [2] » : car la matière n'est que « geste créateur qui se défait » [3].

L'élan qu'est la vie est, dans son fond, exigence de création [4]. Cette création ne peut être absolue : elle trouve en effet face à elle, et lui résistant, la matière, c'est-à-dire le mouvement inverse du sien. Elle se bornera alors à se saisir de cette matière, qui est la nécessité même, en vue d'y introduire « la plus grande somme possible d'indétermination et de liberté » [5].

Bergson ne sépare pas la vie de la conscience, la vie est, pour lui, « la conscience lancée à travers la matière » [6]. Elle « apparaît comme un courant qui va d'un germe à un germe par l'intermédiaire d'un organisme développé » [7]. Dès lors la conscience peut être dite « principe moteur de l'évolution » [8].

Comment vie, conscience, élan créateur procèderont-ils ? Bergson rejette les explications courantes qui invoquent, pour rendre compte des démarches de la vie, le mécanisme ou la finalité. Le corps de l'homme et même, quoique à un moindre degré, celui de l'amibe se distinguent « d'un mécanisme pur et simple sur lequel la durée glisse sans le pénétrer » [9]. La finalité ne saurait davantage rendre compte de la création. Elle la confond, en effet, couramment, avec un programme qu'il s'agirait de réaliser. Elle tente ainsi, par fidélité à un certain

1. *La conscience et la vie.* Edition des Œuvres complètes de Bergson. P.U.F. t. 1, p. 703.
2. *Evolution créatrice*, t. 1, p. 703.
3. *Ibidem*, p. 705.
4. *Ibidem*, p. 708.
5. *Ibidem.*
6. *Evolution créatrice*, p. 649.
7. *Ibidem.*
8. *Ibidem*, p. 650.
9. *Ibidem*, p. 526.

intellectualisme, d'assigner à la vie un but au sens humain du mot alors qu'elle n'est qu'un élan».

La «marche à la vision» en porte témoignage. La vision se présente différemment selon qu'elle s'opère «par l'œil rudimentaire d'une Serpule, ou l'œil déjà différencié de l'Alciope, ou l'œil merveilleusement perfectionné d'un Oiseau» [1]. Il ne faut pas s'imaginer que «la marche à la vision», que ces différentes espèces ont dû nécessairement effectuer, a exigé la représentation d'un but à atteindre. «La vérité est qu'elle s'effectue en vertu de l'élan originel de la vie, qu'elle est impliquée dans ce mouvement même et que c'est précisément pourquoi on la retrouve dans des lignes d'évolution indépendantes» [2].

L'évolution s'est donc accomplie sans plan ni projet. «Le chemin a été créé au fur et à mesure de l'acte qui le parcourait» [3]. C'est dans cette perspective que le corps trouve une signification dans le bergsonisme.

Le «corps vivant» n'est pas, pour Bergson, un «corps comme les autres» [4]. Les corps matériels, les objets doivent leur différenciation à la perception que nous en prenons. Au contraire «le corps vivant a été isolé et clos par la nature elle-même. Il se compose de parties hétérogènes qui se complètent les unes les autres. Il accomplit des fonctions diverses qui s'impliquent les unes les autres. C'est un individu» [5]. Si difficile que soit la caractérisation de ce qu'on nomme un individu, il faut reconnaître que «la vie n'en manifeste pas moins une recherche de l'individualité et qu'elle tend à constituer des systèmes naturellement isolés, naturellement clos».

Comment concevoir la relation entre un tel corps et la «vie de la conscience»? [6] Assurément il existe «une certaine relation entre le cerveau et la conscience» [7]. On peut affirmer toutefois «qu'il y a infiniment plus dans une conscience

1. *Ibidem*, p. 577.
2. *Ibidem*, p. 577.
3. *Ibidem*, p. 538.
4. *Ibidem*, p. 538.
5. *Ibidem*, p. 504.
6. *L'âme et le corps*, p. 842.
7. *Ibidem*.

humaine que dans le cerveau correspondant [1]. « Le cerveau ne détermine pas la pensée et par conséquent la pensée, en grande partie du moins, est indépendante du cerveau » [2]. Le cerveau, d'après Bergson, « point d'insertion de l'esprit dans la matière », assure à l'esprit un contact avec le réel.

Il n'est pas « organe de pensée ni de sentiment ni de conscience, mais il fait que conscience, sentiment et pensée restent tendus sur la vie réelle » [3]. Il est, en somme, l'ensemble des dispositifs qui permettent à l'esprit de répondre à l'action des choses par des réactions motrices effectuées ou simplement naissantes dont la justesse assure la parfaite insertion de l'esprit dans la réalité.

Pour résumer, on peut admettre que « le cerveau nous rend le service de maintenir notre attention fixée sur la vie ; et la vie, elle, regarde en avant » [4]. Corps et esprit ne sont pas inséparables. Et c'est pourquoi l'esprit n'est pas condamné à suivre le corps dans la mort.

L'objectif du corps vivant est la vie de l'esprit. Mais l'atteinte de cet objectif est contrariée dans son ascension par « le mouvement descendant de la matière » [5]. Il ne peut espérer atteindre son but que chez l'homme. Chez l'homme, en effet, « la conscience est distincte de l'organisme qu'elle anime » [6]. Mais il est nécessaire, pour accéder à la vie de l'esprit de faire « effort pour réabsorber l'intelligence dans l'intuition » [7] et adopter un mouvement inverse du mouvement de la matière [8].

1. *Evolution créatrice*, p. 847.
2. *L'âme et le corps*, p. 851.
3. *Ibidem*.
4. *Ibidem*.
5. *Evolution créatrice*, p. 723.
6. *Idem, ibidem*.
7. *Idem*, p. 724.
8. On pourrait dire avec M. Gouhier (*Bergson et le Christ des Evangiles*, p. 100) que « l'histoire est celle d'une vie qui lutte pour se réaliser comme conscience et liberté à travers et contre une matérialité qui pèse de toute son inertie sur elle ».

Sartre

Il n'est pas possible d'exclure les thèses de Sartre lorsqu'on tente de retenir les vues philosophiques importantes qu'a suscitées une réflexion sur le corps. Mais la pensée de Sartre, impliquée tout entière dans sa représentation du corps, ne peut être exposée ni même évoquée dans son ensemble à propos de sa théorie du corps. Ne seront retenus ici que quelques traits majeurs indispensables pour que cette théorie soit éclairée.

Les vues de Sartre sur le corps exigent toutefois, pour être comprises que soient au préalable définis les aspects de sa pensée les plus fonciers. Le phénomène est pour lui [1] « le non chimérique, ce qui se montre vraiment ».

S'en tenir aux phénomènes, s'efforcer à une phénoménologie, c'est donc, comme le dit Sartre, « expulser les choses de la conscience ». Appliquée à l'homme, une telle philosophie sera dite existentialiste. Comme le dit Beaufret [2], ce mot désigne « toute philosophie qui s'attaque directement à l'existence humaine en vue de tirer au clair, mais sur le vif, l'énigme que l'homme est à lui-même ».

Tel étant l'objectif de la philosophie, quelle méthode emploiera-t-elle ? Cette méthode sera dite « éidétique » parce qu'elle s'efforcera non pas tant d'accumuler les faits que de rechercher des « essences » (essence = eidos). Mais, s'agissant de l'homme, la méthode ne peut que se particulariser. L'homme vit en effet, nous l'avons observé, une « existence ». C'est donc, observe Beaufret, « dans la profondeur même où se joue le drame de l'existence » que Sartre ira chercher l'être de l'homme confondu avec son existence. « Si donc », déclare Sartre, « nous voulons réfléchir sur la nature du corps, il faut établir un ordre de nos réflexions qui soit conforme à l'ordre de l'être. Nous ne pouvons continuer à confondre les plans ontologiques sur lesquels le corps peut se situer. Nous devons donc examiner suc-

1. Il importe peu de lui trouver des prédécesseurs. Pour une vue très avisée et profonde de la phénoménologie et de l'existentialisme, cf. Beaufret, *Introduction aux philosophies de l'existence*, Denoël Gonthier, 1971.

2. *Ibidem*, p. 10.

cessivement le corps en tant qu'être pour soi et en tant qu'être pour autrui »[1].

Lorsque nous parlons de « monde », il ne faut pas lui conférer un être qui serait celui d'un objet. « L'homme et le monde », dit Sartre, sont des êtres relatifs », « le principe de leur être est la relation »[2].

L'être de l'homme consiste dans le fait de sa présence : il est là. Mais « s'il est nécessaire qu'existant je sois sous la forme d'être-là, il est tout à fait contingent que je sois » et que je sois là. L'ordre que le monde manifeste ne saurait, lui non plus, être justifié. Cet ordre à la fois nécessaire et contingent des « choses du monde » qui s'impose et dont la nécessité m'échappe, c'est mon corps. Sartre dit de lui[3] qu'il est « la forme contingente que prend la nécessité de ma contingence »[4].

Il ne saurait être question de retenir les traits qu'en une longue et minutieuse analyse Sartre attribue au corps. On en retiendra seulement quelques-uns.

Le corps est « engagé dans le monde »[5]. Il est aussi « centre de référence totale »[6]. Notre corps n'est pas seulement ce qu'on a longtemps appelé « le siège des cinq sens ». Il est encore « l'instrument et le but de nos actions »[7]. Il est essentiellement « centre d'action »[8]. De lui on peut dire qu'il « est au bout du bâton sur lequel je m'appuie, contre la terre ; au bout des lunettes astronomiques qui me montrent les astres ; sur la chaise, dans la maison tout entière car il est mon adaptation à ces outils »[9].

Sartre trouve les éléments d'une définition du corps dans les fonctions qui sont les siennes et la façon dont elles sont

1. *L'Etre et le néant*, p. 367.
2. *Ibidem*, p. 370.
3. *Ibidem*, p. 371.
4. *Ibidem*, p. 371.
5. *Ibidem*, p. 383.
6. *Ibidem*.
7. *Ibidem*.
8. *Ibidem*, p. 384.
9. *Ibidem*, p. 389.

accomplies. Le corps est ainsi un point de vue, un point de départ «perpétuellement dépassé» vers ce que j'ai à être [1].

Il ne faut donc pas, comme le font la plupart des théoriciens du corps chercher le corps ailleurs que dans notre relation au monde, dans les fonctions qui sont celles du corps. Il est pour moi «condition nécesssaire de l'existence d'un monde et réalisation contingente de cette condition» [2].

A côté de ce corps, que Sartre appelle originel et qui est le corps tel qu'il est «pour moi», l'existentialiste s'avisera que le corps «a d'autres plans d'existence». Il existe aussi pour autrui» [3]. Le thème majeur que Sartre développera à son propos est que pour autrui j'existe comme un objet [4]. Ainsi en va-t-il aussi d'autrui pour moi : l'être d'autrui est pour moi un objet – un objet dont l'existence est contingente.

Le corps présentera encore à Sartre une troisième dimension ontologique. L'attitude d'autrui à mon égard réagit sur ma façon de me considérer. J'existe pour moi comme connu par autrui, c'est-à-dire à titre de corps.

Engels

Le corps humain partage, pense Engels, le sort de tous les corps organiques [5]. Il est composé de cellules. Les divisions celulaires témoignent d'une sorte d'évolution. «A chaque instant des cellules meurent et d'autres se forment» [6]. C'est pourquoi «l'individu est toujours le même et pourtant un autre» [7].

L'explication de ces traits doit être cherchée dans la vie qui, elle-même, est «mode d'existence de la substance albuminoïde» [8]. L'organisme est «l'unité supérieure qui englobe en un

1. *Ibidem.*
2. *Ibidem.*
3. *L'Etre et le néant*, p. 405.
4. *Ibidem.*
5. *Anti-Dühring* (Editions Sociales) p. 110.
6. *Ibidem*, p. 392.
7. *Ibidem.*
8. *Ibidem*, p. 396.

tout mécanique, physique et chimie »[1]. La vie ne peut, dans ces conditions, être isolée de la nature prise dans son ensemble[1].

D'où vient cette vie ? Engels admet la possibilité d'une génération spontanée. Mais elle ne produira jamais, selon lui, que des organismes indifférenciés, « des monères les plus rudimentaires, vraisemblablement des formes plus basses encore »[2].

C'est pourquoi il faut accorder une grande importance à l'évolution. Cette évolution, pense-t-il, était contingente. « Ce sont précisément les différences infinies que le hasard crée entre les individus à l'intérieur de chaque espèce, différences qui s'accentuent jusqu'à en faire éclater le caractère »[3], qui obligèrent Darwin « à remettre en question le fondement passé de toute loi en biologie : la notion d'espèce dans sa rigidité et son immobilité métaphysiques d'autrefois »[4]. La théorie de l'évolution ne va d'ailleurs pas, dans ces conditions sans confirmer les « propositions inouïes » de Hegel : « le contingent a un fond parce qu'il est contingent et aussi bien il n'a pas de fond parce qu'il est contingent ; le contingent est nécessaire et la nécessité se détermine comme contingence »[5].

« Tels les hommes sortent primitivement du règne animal – au sens étroit – tels ils entrent dans l'histoire. Appelons nécessaire, appelons contingente la démarche qui fut historiquement la leur, il reste que, dans le cœur des hommes, la nécessité est bien plutôt ravalée au niveau de la contingence »[6].

Composés d'albuminoïdes, nés de la matière par génération spontanée, les hommes ne sont que des animaux. Induction, déduction, abstraction, analyse, synthèse, expérimentation sont des modes de pensée que possèdent déjà les animaux. Chez eux ils ne diffèrent pas en nature des procédés humains, mais seulement en degré. La différence essentielle qui sépare l'homme de l'animalité est dans la main. Certains animaux disposent bien d'outils, « mais ce ne sont que des membres de leur

1. *Dialectique de la nature*, Editions Sociales, p. 199.
1. *Ibidem.*
2. *Ibidem*, p. 310.
3. *Ibidem*, p. 222.
4. *Ibidem*, p. 222.
5. *Ibidem*, p. 222.
6. *Anti-Dühring*, p. 211.

corps »[1]. L'usage de la main a permis à l'homme de transformer le monde. « Le cerveau humain s'est développé avec la main et à côté d'elle, et en partie grâce à elle »[2].

Le matérialisme s'impose aujourd'hui. Sa thèse fondamentale : pensée et conscience « sont des produits du cerveau humain et l'homme est lui-même un produit de la nature qui s'est développé dans et avec son milieu »[3]. Le matérialisme rend raison seul de ce que « les productions du cerveau humain, qui, en dernière analyse, sont aussi des produits de la nature ne sont pas en contradiction mais en conformité avec l'ensemble de la nature »[4].

Il y a toutefois matérialisme et matérialisme. Le matérialisme actuel diffère du matérialisme des Anciens, simple « matérialisme naturel »[5], « incapable de tirer au net le rapport de la pensée et de la matière »[6]. Il faut aussi le distinguer du « matérialisme moderne » apparu au XVIIIe siècle et demeuré « purement métaphysique, exclusivement mécanique »[7].

Seul un tel matérialisme sait reconnaître le corps et dire l'importance de son rôle.

Freud[8]

Le corps est, pour Freud, un organisme dont le tégument constitue la surface. Il est tout entier en zone érogène. L'origine des pulsions procède de lui. De la pulsion Freud dit qu'elle est « un concept limite entre le psychisme et le somatique »[9].

Il convient d'ajouter que « selon Freud une pulsion a sa source dans une excitation corporelle (état de tension), son but

1. *Dialectique de la nature*, p. 41.
2. *Ibidem*.
3. *Anti-Dühring*, p. 68.
4. *Ibidem*.
5. *Ibidem*, p. 382.
6. *Idem*, p. 169.
7. *Ibidem*, p. 56.
8. Le présent exposé est redevable de son contenu au *Vocabulaire de la Psychanalyse* de Laplanche et Pontalis – ouvrage remarquable.
9. *Vocabulaire de la Psychanalyse*, p. 361.

est de supprimer l'état de tension qui règne à la source pulsionnelle »[1]. Elle se situe à la limite somato-psychique.

Si l'on aborde maintenant un point de vue psychologique, il importe de distinguer, dans ce que Freud nomme l'appareil psychique, un certain nombre de systèmes doués de caractères ou de fonctions différentes et disposées dans un certain ordre les uns par rapport aux autres », véritables « lieux psychiques ». La topique est, pour Freud, dans la détermination de ces systèmes.

On trouve, dans l'œuvre de Freud, deux topiques. La première distingue, dans l'appareil psychique trois systèmes : inconscient (I.C.S.), préconscient (P.C.S.), conscient (C.S.). Il est possible que cette topique soit amenée par la supposition « d'un système inconscient, plongeant lui-même ses racines dans le biologique »[2]. Il a été remplacé, à partir de 1920, par une seconde topique qui insiste sur « la continuité dans la genèse qui mène du besoin biologique au ça et de celui-ci au moi aussi bien qu'au surmoi »[3].

On distinguera : « le *ça* pôle pulsionnel de la personnalité, le *moi*, instance qui se pose en représentant des intérêts de la totalité de la personne... le *surmoi* enfin, instance qui juge et critique, constituée par intériorisation des exigences » sociales.

Le *ça* est, selon Freud, en relation avec un « substrat biologique ». Il est, dit Freud[4], « la partie obscure, impénétrable de notre personnalité... Nous nous le représentons débouchant d'un côté dans le somatique et y surveillant les besoins pulsionnels qui trouvent en lui leur expression psychique... Les processus qui se déroulent dans le ça n'obéissent pas aux lois logiques de la pensée; pour eux le principe de contradiction n'existe pas ». En lui domine le principe de plaisir. Le ça ne présente aucune cohérence. Il est issu du besoin biologique, aspire aux satisfactions instinctuelles. La pulsion sexuelle le caractérise; Il est inconscient.

Le *moi*, lui, observe le monde extérieur. D'autre part il agit sur le ça dont il bride les passions, ajourne la satisfaction des

1. *Idem,* pp. 359-360.
2. *Idem,* p. 487.
3. *Idem,* p. 488.
4. *Nouvelles conférences*, p. 103.

instincts, en détourne éventuellement les objectifs. Il fait que le principe de plaisir soit remplacé par le principe de réalité « qui, certes, poursuit le même but final mais en tenant compte des conditions imposées par le monde extérieur »[1]. Il tend au plaisir et fuit le déplaisir. En ce qui concerne ses rapports avec le corps, Freud a pu écrire que « le moi est avant tout un moi corporel »[2], qu'il peut être considéré comme une projection mentale de la surface du corps ».

Du *surmoi* Laplanche et Pontalis donnent la définition suivante : « son rôle est assimilable à celui d'un juge ou d'un censeur à l'égard du moi. Freud voit dans la conscience morale, l'auto-observation, la formation d'idéaux des fonctions du surmoi ».

1. Laplanche et Pontalis, p. 251.
2. *Ich und Es*, cité par Laplanche et Pontalis, *op. cit.*, p. 253.

B) QU'EST-CE QUE LE CORPS ?

I. *Corps et Vie*

Le corps défini en fonction de l'âme

L'idée de corps, quelque forme qu'elle ait revêtue au cours des âges, présente toujours certaines déterminations analogues.

Chez les primitifs, le corps est le siège de l'âme, ou plutôt de deux âmes : celle que les chercheurs ont appelée « l'âme-vie » (ou « l'âme-corps ») qui ne quitte le corps qu'à la mort, et l'âme libre qui est susceptible d'abandonner le corps pendant le sommeil, la maladie ou la transe [1].

Les Grecs opposaient le corps à l'âme. Les Latins avaient, semble-t-il, une représentation générale et qui est demeurée en quelque façon chez nous : le « corpus » est aussi bien l'individu considéré en bloc que n'importe quel ensemble tel que l'ossature d'un vaisseau ou des fortifications [2].

« Quand nous parlons du corps », dit Descartes, « nous entendons toute la matière qui est ensemble unie au corps » [3].

A l'heure actuelle, la quasi totalité des dictionnaires disent du corps qu'il est « la partie matérielle des êtres animés » [4]. A ce titre il est distingué et isolé de tout principe spirituel, qu'on l'appelle âme ou de quelque autre façon, qui réside en l'homme.

Le corps défini en fonction de la vie

Référer le corps à la vie rend possible l'attribution au corps de caractères précis. Ainsi pourra-t-on fournir du corps une définition qui convienne à la fois à son essence et à ses fonctions. Nous dirons de lui qu'« il est, chez le vivant, l'ensemble des organes en rapport avec lesquels (ou grâce auxquels) la vie et toutes les activités biologiques se trouvent assurées. » Le corps a donc la charge d'assurer la vie et de la maintenir.

1. Mircea Eliade, Article animisme in *Encycl. Universalis*.
2. Dictionnaire Gaffiot.
3. Descartes, *Ibid.*
4. Les dictionnaires Larousse et Robert. Littré donnait du corps cette définition : « ce qui fait l'existence matérielle d'un homme ou d'un animal, vivant ou mort. ».

Cette façon d'entendre le corps appelle de nécessaires prolongements. Parce que le corps est vivant, il faut, si l'on souhaite en pénétrer l'essence, s'interroger sur la nature et l'origine de la vie, sur la façon dont la vie pénètre le corps, le détermine et le meut.

Théories de la vie

Qu'est-ce donc que la vie ? Cette question ne peut pas ne pas avoir appelé des réponses qui, en l'absence d'une prise de position scientifique, demeureront des théories et présenteront un caractère philosophique.

Le spiritualisme subordonne, jusque dans son origine, le corps à l'esprit. D'où les théories animiste et vitaliste du corps. L'animisme professe qu'« une seule et même âme est, en même temps, principe de la pensée et de la vie organique. »[1]

Le vitalisme affirmera l'existence d'un principe vital. La vie est, pour lui irréductible à l'âme comme au corps.

Ces théories de la vie ne sont pas sans portée. Il est vrai que le corps est matériel. Il faut donc le rattacher en quelque façon à la matière. Mais comment rendre compte du passage de la matière à la vie ? Sur quels faits se fonder ? – Il est vrai aussi que le corps est vivant. Il a donc bien fallu que cette vie, qu'il ne pouvait produire lui-même, lui ait été apportée. Le bergsonisme, sans doute l'expression la plus élaborée et la plus profonde du vitalisme, est ainsi contraint de se représenter une vie existant préalablement à son incarnation. Mais sous quel aspect ? Avant de pénétrer et d'animer la matière, la vie se présente dit Bergson, comme un élan. « L'élan de vie consiste en somme dans une exigence de création »[2]. Il ne peut créer que parce qu'il rencontre devant lui la matière, c'est à dire le mouvement inverse du sien. Mais il se saisit de cette matière qui est la nécessité même, et il tend à y introduire la plus grande somme d'indétermination et de liberté.

La difficulté de la thèse bergsonienne est de se représenter cet élan de vie. Un élan est « effort pour s'élancer. » Il suppose

1. Lalande, *Vocabulaire*, article animisme.
2. Henri Bergson, *Evolution Créatrice* in *Œuvres Complètes* (PUF) t. I, p. 708.

donc un sujet qui s'élance. Quel est ce sujet, dans le cas de la vie ? La vie elle-même, comme il arrive souvent à Bergson de le laisser entendre ? Mais dans ce cas on se demandera sous quelle forme se la représenter avant son incarnation. Si, pour éviter une matérialisation effective de l'élan de vie, qui rendrait impossible une matérialisation ultérieure, on parle comme Bergson le fait souvent, de germes de vie, les difficultés ne sont pas moindres. Le germe est condition du développement d'un être vivant. Mais si, comme tout germe, le germe de vie provient d'un existant préalable qui, à son tour, suppose comme préalable un vivant, le germe ne pourra pas ne pas supposer la vie qu'il avait précisément pour fonction d'expliquer.

Ce n'est pas tout. Il se pourrait que Bergson ait inexactement attribué à la vie une vocation évolutive. « Pour la théorie moderne, obseve M. Monod, l'évolution n'est pas seulement une propriété des êtres vivants puisqu'elle a sa racine dans les imperfections mêmes du mécanisme conservateur qui, lui, constitue bien leur unique privilège »[1].

Le matérialisme désigne couramment toute conception philosophique selon laquelle la matière est à l'origine de la vie, des phénomènes corporels et de tout ce à quoi s'attache d'habitude la qualification de spirituel. Ainsi La Mettrie, entre autres philosophes du XVIIIe, s'emploie à établir que l'âme est étendue : si elle ne l'était pas, comment agirait-elle sur un corps étendu ?[2] Ceux qu'on appelle mécanistes assimileront le fonctionnement de la vie à celui des machines[3]. Le marxisme généralise la notion de matière. A elle « se ramène en dernière instance toute réalité »[4]. Elle est « antérieure à la pensée et à la vie » ; elle les engendre.

C'est la théorie cellulaire de la vie qui donne au matérialisme ses arguments les plus solides en raison de son caractère scientifique reconnu.

1. *La Logique du Vivant*, 1970.
2. La Mettrie, *Textes Choisis*, Editions Sociales 1954.
3. Cf. Canguilhem *in* article Vie (*Encycl. Universalis*), un passage consacré à la vie comme mécanisme. Explication des origines du mécanisme et exposé des raisons qui l'ont fait abandonner.
4. Balibar et Macherey in *Encycl. Univ.*, t. 11, p. 879.

Théorie cellulaire de la vie

«Le milieu du XIXe siècle – écrit M. Jacob – marque un tournant dans la pratique de la biologie»[1]. «Sur moins de vingt ans apparaissent en effet la théorie cellulaire sous sa forme finale, la théorie de l'évolution, l'analyse chimique des grandes fonctions, l'étude de l'hérédité, celle des fermentations, la synthèse totale des premiers composés organiques»[2]. De ces différents apports nous ne retiendrons que la théorie cellulaire et l'étude de l'hérédité.

La théorie cellulaire procède de cette idée que «l'analyse des fonctions ne peut se dissocier de celle des structures. Les fonctions du corps seront référées à la structure des cellules qui, elle-même, renverra à celle des molécules»[3]. Il conviendra alors «d'interpréter les processus qui se déroulent dans les êtres vivants par les structures des molécules qui caractérisent la cellule»[4].

Certains biologistes parleront à ce propos de prédestination, d'autres de hasard, d'autres encore d'une sorte de spontanéité qui conjoint la préformation et le hasard. Si les interprétations diffèrent, les faits ne laissent pas d'être établis. M. Monod les résume ainsi : «des structures complexes auxquelles sont attachées des propriétés fonctionnelles sont construites par l'assemblage stéréospécifique[5] *spontané* de leurs constituants protéiniques. Il y a «apparition» d'ordre, différenciation structurale, acquisition de fonctions à partir d'un mélange désordonné de molécules individuelles dépourvues de toute activité, de toutes

1. *Loc. cit.*, p. 130.
2. *Loc. cit.*, p. 268.
3. Il ne faut pas méconnaître à quel point les théories, en un tel domaine, sont changeantes. Nous indiquerons plus loin les modifications que celle que nous allons exposer et qu'on peut tenir pour classique connaît aujourd'hui.
4. Nous rappelons que la cellule est un corpuscule à demi liquide, constitué par du protoplasme, et comprenant un noyau, formé également d'une substance albumineuse. Elle est l'unité fondamentale de tous les êtres vivants, et est dotée d'un pouvoir d'assimilation. La cellule est constituée de molécules. La molécule peut être définie comme la plus petite partie d'un corps simple ou composé susceptible d'exister à l'état isolé en gardant les propriétés de ce corps. Les cellules se comptent par milliards dans un organisme complexe, les molécules par millions dans une cellule.
5. Stéréospécifique : qui concerne les équilibres moléculaires.

propriété fonctionnelle intrinsèque autre que reconnaître les partenaires avec lesquels elles vont constituer la structure » [1]. Et M. Monod d'ajouter : « c'est à ce niveau d'organisation chimique que gît, s'il y en a un, le secret de la vie » [2].

Les biologistes contemporains s'entendent, dès lors, pour penser avec M. Jacob que « de la matière au vivant il n'y a pas de différence de nature, mais de complexité » [3]. Ils ne se réfèrent jamais à ce qui serait « la vie » mais à des « systèmes vivants » car « il n'existe pas d'entité métaphysique pour se cacher derrière le mot vie. Le pouvoir de s'assembler, de produire des structures de complexité croissante, de se reproduire même appartient aux éléments qui composent la matière. »

Cette façon d'entendre la vie ne permet pas seulement aux biologistes d'en saisir l'origine. Elle fournit également une explication de l'hérédité et de l'évolution.

M. Jacob écrit de l'hérédité [4] « qu'elle doit être élargie. Elle devient la capacité de reproduction identique que possède chaque cellule et qu'elle transmet à travers toutes les générations. Cette propriété de reproduire structures et réactions à travers la multiplication, voilà le principe central de l'hérédité. Sans elle, pas d'organisme vivant. »

L'évolution, elle aussi est ambiguë. Ce qui la caractérise peut être le mieux, c'est la tendance à l'accomplissement dans l'exécution du programme génétique, c'est son aventure dans un sens qui permet à l'organisme d'accroitre toujours plus ses relations avec son milieu et d'étendre aussi son rayon d'action.

1. Monod, *Le hasard et la nécessité*, 1970, p. 101.

2. Rendant compte dans le journal *Le Monde* (15-16 nov. 1970) de l'ouvrage de F. Jacob lors de sa parution, Michel Foucault écrivait : « C'est là qu'apparaît, pour notre pensée, un des effets les plus étranges – les plus décevants au premier regard et, au fond, les plus merveilleux – de la biologie moderne ; elle nous dérobe précisément ce que, depuis si longtemps, nous attendions d'elle : la vie elle-même en son secret. Elle analyse en effet le vivant à la manière d'un programme déposé dans le noyau, et qui fixe à l'organisme les marges de ses réactions possibles ; tout se passe comme si, en présence d'une stimulation quelconque, il y avait consultation du programme, envoi d'indications par l'intermédiaire de messagers, traduction des consignes, mise en oeuvre des ordres donnés. » .

3. Jacob. *op. cit.*, p 327 .

4. *Ibid.*, p. 283.

Les données scientifiques dont il vient d'être fait état [1] entraînent des conséquences importantes quant à la façon dont il convient d'entendre la vie et de définir le corps.

La vie est bien souvent représentée dans un état d'isolement et comme une entité (« la vie »). On lui prête une existence séparée. Elle s'introduirait dans une matérialité qui, une fois pénétrée par elle, deviendrait un corps vivant. Cette représentation de la vie n'est pas seulement exposée à bien des difficultés métaphysiques. Elle n'exprime pas le processus par lequel le vivant s'est trouvé engendré. La vie n'est pas une chose que l'on communiquerait à une matière qu'elle transformerait en un vivant. On ne voit pas ce que pourrait être une vie à l'état pur, livrée à elle-même. Il n'existe que des vivants. Ils sont vivants non pas parcequ'un courant de vie les parcourt, mais en raison d'une certaine « organisation chimique ». Assurément il existe entre les générations ce qu'on peut continuer à appeler une transmission de la vie. Mais elle n'est, tout bien considéré, que passage et passation, d'une génération à une autre, d'un mode d'être qui trouve son origine dans des relations d'ordre chimique.

1. Ces données scientifiques ont été empruntées à des ouvrages vieux d'une vingtaine d'années. Ils ont été choisis en raison de leur ouverture aux problèmes philosophiques.

Les vues actuelles sur les origines de la vie sont exposées notamment dans les ouvrages de M. Raulin : « L'évolution chimique et les origines de la vie » (1991) ; « L'apparition du vivant » (1991).

L'état présent de la science permet, selon cet auteur, de considérer comme établis les points suivants :

— « les éléments de base de la chimie prébiotique n'ont pu être formés dans l'atmosphère terrestre ». (article Du prébiotique au vivant *in* La science au présent. *Encycl. Univers.* 1992, t.1).

— en ce qui concerne l'origine de la vie, M. Raulin aboutit aux conclusions suivantes :

« Les idées sur l'origine de la vie ont beaucoup évolué au cours des dernières décennies. Les solutions se sont mutipliées, les questions aussi. Toutefois le scénario général d'évolution chimique est largement conforté par toutes les données actuelles, y compris celles venant de l'espace : la vie apparaît de plus en plus comme l'aboutissement de la chimie d'un élément particulier, le carbone, dans un solvant particulier, l'eau » (*Du prébiotique au Vivant,* p. 240).

Ces remarques ne conduisent pas tant à une modification qu'à une interprétation de la définition du corps énoncée plus haut. On continuera à dire du corps « qu'il est, chez le vivant, l'ensemble des organes en rapport avec lesquels – ou grâce auxquels – la vie et toutes les activités bilogiques se trouvent assurées. » Mais la notion de vie est à présent mieux déterminée.

II. *Corps et évolution*

La paléontologie apporte quelques éclaircissements à ce fait historique : le corps de l'homme s'est transformé et ses transformations ont été à l'origine d'un immense progrès humain.

L'homme, pour elle, fait partie des *hominidés*. D'abord confondu avec les singes, il s'en est différencié, il y a environ 15 à 5 millions d'années (il existe un désaccord quant à cette durée). Les premiers animaux qu'on puisse tenir pour des hommes sont du genre *homo habilis* (il y a 2 millions d'années), dont la dentition permet un régime omnivore. Leur organisation sociale est devenue complexe.

De l'*homo erectus* (1 million et demi à 2 millions d'années), on a découvert les lieux de campement et on a pu constater une nouvelle façon de tailler les pierres, dite « débitage de Levallois ».

De l'*homo sapiens néanderthalensis* (période éloignée de 80000 à 35000 années) on connaît l'industrie ; on sait aussi que c'est à son époque que l'on a commencé à enterrer les morts.

A l'époque de l'*homo sapiens sapiens*, les pierres ont été taillées de façon bien plus parfaite, l'or et l'ivoire travaillés ; des peintures ont revêtu les cavernes.

M. Piveteau [1] a marqué toute l'originalité de cette hominisation : l'éducation des générations par les générations précédentes « accumule le savoir ». « L'originalité biologique de l'homme se manifeste par la création de l'outil artificiel, indépendant du corps et permettant de diversifier à l'infini l'effort sans en devenir l'esclave. Grâcr à cette puissance instrumentale, l'homme a ouvert à plusieurs reprises dans l'histoire des ères nouvelles. »

1. Article Homme, hominisation in *Encycl. Univ.*

Un phénomène véritablement humain est apparu, « qui n'est point l'apparition d'une espèce nouvelle, mais celle d'une forme nouvelle de la vie. » Il faut donc « imaginer, à l'origine de la sphère humaine, de la sphère de la réflexion qui fait suite à la sphère animale, à la biosphère, un phénomène général de transformation : l'hominisation ». Cette apparition de l'homme est évidemment d'une portée considérable. M. Piveteau n'hésite pas à la tenir pour au moins aussi importante que l'apparition de la vie sur le globe.

La vie a engendré le corps qui lui doit donc ses traits. Mais les conditions de son existence ne laisseront pas de modifier ce corps et, peut-être, de le transformer. Avec lui se modifieront aussi les traits de la vie. Parmi les facteurs de changement, il faut compter les sollicitations et les contraintes qui accompagnent toute civilisation, générale ou restreinte.

III. *Corps et psychisme*

Il est courant de distinguer l'âme et le corps. Cette opinion se réclame de l'évidence. La pensée, et, plus généralement, le psychisme relèveraient de l'âme. Ils échapperaient à la sphère du corps. Quoi de commun, en effet, entre la matérialité inhérente au corps et la spiritualité ? Une dualité foncière les sépare : c'est une évidence.

On pourrait cependant la contester. Les sentiments, qui sont moteurs des animaux et bien souvent des hommes, sont porteurs de signification, entraînent attitudes et comportements. En bref, il y a comme une logique de l'affectif.

Mais il faut aller plus loin. Freud a montré qu'il existe entre le corps et le psychisme des relations autrement étroites. La pulsion (*Trieb*) en est la preuve. Elle est pour Freud, une poussée interne, primitivement organique, et Freud la définit [1] comme « un concept limite entre le psychisme et le somatique. » Selon Freud, observent Laplanche et Pontalis [2], la pulsion s'exprime dans les deux registres de l'affect et de la représentation. L'affect est l'expression qualitative de la quantité d'énergie pulsionnelle et de ses variations.

1. *Trois Essais sur la Théorie de la Sexualité*, p. 56.
2. *Vocabulaire de la psychanalyse*, article affect.

Les deux topiques freudiennes, quelque différentes qu'elles soient, admettent « une émergence et une différenciation progressive des instances à partir d'un système plongeant lui-même ses racines dans le biologique [1]. Ce que Freud appelle le ça peut être défini « le pôle pulsionnel de la personnalité ».

Mais le ça n'est pas seul à se rattacher au biologique. C'est ainsi que le moi qui, d'un point de vue topique, est intermédiaire entre le ça et le sur-moi, « est avant tout un moi corporel » [2] Il est en dernier ressort dérivé des sensations corporelles. Freud peut donc dire du somatique qu'il est, pour le psychisme, un véritable mandant ; le psychisme en est le délégué.

Sans poursuivre plus avant un exposé des vues psychanalytiques de Freud, nous nous contenterons de dire que le rôle donné par Freud au corps, la thèse selon laquelle il prélude à celui de la conscience nous semblent essentiels.

IV. *Qu'est-ce que le corps ? Point de vue adopté.*

Le corps n'est pas, comme on se l'imagine trop souvent, au pire un obstacle au psychisme, au mieux son instrument de connaissance et d'action. Il existe une connaissance proprement corporelle. Les choses, les êtres sont alors ressenties sur un fond intuitif et affectif, sympathiquement, comme dans leur profondeur. Le corps n'est pas seulement, en effet, un organisme porteur de vie. Les vivants possèdent une capacité de connaissance intuitive. Elle est initiale et en liaison avec le corps. Nous faisons tous les jours l'expérience d'une telle connaissance. Elle est, pour l'essentiel, connaissance par le corps.

Mais les hommes ont appris à déborder l'intuition : le langage le leur a permis. Une capacité de conceptualiser va apparaître qui mettra en œuvre non plus tellement le corps dans son ampleur, mais des territoires spécialisés, essentiellement cérébraux. La connaissance cessera alors de se confondre avec une intuition concrète et signifiante. Elle s'intellectualisera. Le corps éprouvait, jusqu'alors, des connaissances qui étaient vraiment

1. *Ibid.*, Art. topique.
2. *Ibid.*, Art. ça .

siennes. Il va se trouver vassalisé. Son rôle ne sera plus que de fournir des savoirs. Il sera utilisé et dépassé par l'intellect.

Nous pouvons dès lors compléter la définition du corps précédemment proposée. Il est vrai que, comme nous l'avons dit, le corps «est, chez le vivant, l'ensemble des organes en rapport avec lesquels (ou grâce auxquels) la vie et toutes les activités biologiques se trouvent assurées». Mais il faut préciser qu'une capacité instinctive de connaître est un des aspects de ces activités biologiques.

CHAPITRE DEUX

SUR QUELQUES PROBLÈMES CONCERNANT L'ÉDUCATION PHYSIQUE[1]

On sait, depuis Socrate, que le grand prêtre est souvent incapable de définir la piété ou l'homme brave le courage. Aucune science, aucun art ne procèdent, à leurs origines, d'une définition préalable. Les mathématiques n'ont cherché à circonscrire leur domaine, à préciser leurs projets qu'à un certain moment de leur développement. On embarrasserait nombre de physiciens ou de biologistes en leur demandant ce que sont la physique ou la biologie. Il n'y a donc aucun scandale à constater que ceux qui portent le plus grand intérêt à l'éducation physique sont hors d'état de répondre aux questions les plus générales et les plus essentielles qui la concernent.

En revanche, il est moins acceptable de s'imaginer que ces questions consentent à se laisser éluder. L'éducateur physique ne saurait ignorer que son titre d'éducateur, ses fonctions éducatives sont journellement mis en cause, qu'il est tenu par ceux-mêmes qui contestent le moins le caractère indispensable de son intervention pour un simple auxiliaire. Il ne peut non plus se dissimuler que, faute de se préciser les fins qu'elle poursuit ou le domaine qui est le sien, l'éducation physique est condamnée à demeurer un agglomérat de thèmes troubles, à ne jamais offrir que des recettes empiriques.

1. Article paru dans *Education physique et Sport*, Juillet 1966, p. 7-11, sept. 1966, p. 11-13. nov. 1966, p. 29-34. Janvier 1967. p. 13-15.

L'éducation physique existe suffisamment pour qu'on ait le droit de se livrer, sans extravaguer ou prendre ses désirs pour des réalités, à des considérations sur elle. Et elle est encore assez indéterminée pour que ces considérations osent prétendre l'aider à poser et à résoudre ses problèmes.

I
S'IL EXISTE UNE EDUCATION PHYSIQUE ET QUELS EN SONT LES BUTS

Assigner ses buts à l'éducation physique suppose que l'on admette la validité de la notion d'éducation physique ; qu'on ait rangé, en somme, cette discipline parmi les disciplines éducatives. Mais, inversement, on ne saurait tenir l'éducation physique pour une éducation authentique tant que l'on en ignore les buts. Aussi est-il permis d'espérer qu'à scruter les raisons qui invitent à légitimer l'aspect proprement éducatif de l'éducation physique, on a aussi quelque chance d'assigner à l'éducation physique ses finalités majeures.

On n'établit pas le caractère éducatif de la culture corporelle en invoquant des raisons d'utilité personnelle ou sociale. Un comportement, un art peuvent être utiles sans être éducatifs. Tel est le cas de la coiffure ou de l'art du pédicure. C'est pourquoi, chaque fois qu'on a tenté de justifier l'existence d'une éducation physique, on a cru bon d'établir que le corps, aussi bien que l'âme, pouvait être l'objet d'une éducation. Dans ces conditions, les amis de l'éducation physique étaient nécessairement conduits à partir de principes qui ne pouvaient être que métaphysiques. L'histoire en porte le témoignage.

De ce point de vue, deux attitudes fondamentales sont possibles, dont chacune commande, à l'égard de l'éducation physique, une prise de position différente.

Si l'âme et le corps constituent un tout et ne peuvent se dissocier, comme l'affirment, avec la pensée hellénique, des thèses très diverses, l'éducation corporelle représente un aspect de l'éducation totale. Et cette éducation totale a pour but d'élever aux valeurs morales, politiques, militaires, l'homme pris dans son ensemble.

C'est à partir de tels présupposés que les Grecs ont été amenés à ne jamais disjoindre la gymnastique de leur *Paideia*, même à une époque où ils cessèrent de la pratiquer assidûment, et à regrouper sous l'unité un peu théorique et fallacieuse du concept de gymnastique des activités que bien des traits opposaient. De la même manière, tous ceux qui ramènent l'âme et le corps à des points de vue pris sur l'unité d'une nature ne pourront concevoir qu'une éducation véritablement humaine néglige l'éducation corporelle.

Mais l'éducation physique trouve encore une justification très efficace lors même que l'âme et le corps sont disjoints. Qu'on les sépare, en effet, l'idée d'une éducation corporelle est loin d'en pâtir. Il y a lieu alors d'envisager deux hypothèses.

On peut affirmer l'autonomie du corps en même temps que son irréductibilité à l'âme. En ce cas, on réclame pour le corps une éducation en arguant de son autonomie : si l'homme est corps tout autant qu'âme, pourquoi l'éducation serait-elle réservée à l'âme ?

Mais la distinction de l'âme et du corps peut aussi revêtir une allure moins fracassante. Séparés, âme et corps sont néanmoins en rapports, une liaison s'établit entre eux. Une telle orientation métaphysique favorisera des conceptions plus coopératives des relations de l'âme et du corps. Eduquer le corps, pensera-t-on, est nécessaire. D'abord, sans doute, pour lui procurer les biens qui lui sont propres. Mais aussi pour qu'il assure le rôle auquel il est destiné et qui est de se placer au service de l'âme. Un corps éduqué ne résiste pas à l'âme. Elle peut l'amener à concourir à des fins intellectuelles, morales, politiques, militaires. Bien des professeurs d'éducation physique suivent de nos jours cette voie lorsqu'ils pensent contribuer utilement à servir l'éducation physique en montrant que, grâce à elle, le travail intellectuel se trouve amélioré ou accru.

C'est ainsi qu'au cours des âges, l'éducation physique partagea le sort des métaphysiques. A constater que, si opposées que soient ces métaphysiques, elles n'en contribuent pas moins à assister l'éducation physique dans son effort pour faire triompher ses prétentions, on pourrait se féliciter que l'éducation physique gagne sur tous les tableaux. Il est de fait que, la plupart du temps, les partisans de l'éducation physique trouvent dans cette convergence une raison suffisante de penser que l'existence d'une éducation physique se trouve acquise ainsi en dehors de toute contestation.

Cependant les métaphysiques sont fragiles. Une théorie de l'éducation physique ne peut partager leur sort sans participer aussi à leur précarité. Elles se rejoignent, d'ailleurs, beaucoup moins qu'il ne semble et leur accord est fort trompeur. On peut bien baptiser du même nom d'éducation physique les soins que, se réclamant de métaphysiques opposées, on sera conduit à vouer au corps. Ils seront, au fond, de nature très différente. Lorsque le corps est en position d'infériorité et subordonné à l'âme, il ne participe pas vraiment à l'éducation. Il fait l'objet d'un dressage. L'éducation corporelle, si cette expression mérite d'être employée en ce cas, ne sera qu'un des arts du corps qu'exige l'entretien du corps. La gymnastique sera plus proche de l'art du cuisinier, si utile au corps, que de l'éducation. Le professeur d'éducation physique peut bien proclamer que, grâce à lui, le travail intellectuel se trouve amélioré. Au mieux, il enregistrera, s'il est suffisamment persuasif, l'adhésion de tel ou tel professeur de disciplines intellectuelles, mais celui-ci ne verra, dans les services qui lui sont rendus par l'éducateur physique, qu'une raison de plus de ne pas le considérer comme un de ses pairs.

Supposons, toutefois, en faisant violence à toute vraisemblance, que l'accord se fasse sur la façon d'entendre les rapports de l'âme et du corps et, plus encore, qu'il se fasse dans les conditions les plus avantageuses pour le corps.

On le proclamera, par exemple, uni à l'âme, on voudra qu'il en partage le sort, on lui conférera les mêmes droits. L'éducation physique n'aura pas gagné pour autant. Ou plutôt, elle n'aurait gagné que si l'éducation devait être tenue pour la conséquence nécessaire ou le corollaire de certaines données métaphysiques.

Mais, il est facile de le voir, on peut bien admettre que l'homme est fait d'une âme et d'un corps entre lesquels on lira les rapports que l'on voudra, cette constatation n'engendre nulle théorie tant soit peu précise de l'éducation. L'éducation exige, pour trouver un sens et un office, bien d'autres facteurs que la mise en relation d'un esprit et d'un corps chez l'homme. Sans un milieu social dans lequel les jeunes se mettent à l'école des anciens, il n'est pas d'éducation. Mais les anciens n'auraient rien à apprendre à leurs puînés s'ils devaient ne leur transmettre que les savoirs que la nature de chacun rencontrerait d'elle-même en parvenant à sa maturation. L'éducation trouve donc sa raison d'être dans le désir de communiquer à des générations montantes les legs de toute sorte que l'histoire a déposés. Elle enseigne les valeurs, elle introduit à des institutions politiques, elle prépare à l'exercice de professions, elles-mêmes liées à un certain développement économique et historique. On dirait, rapidement, qu'il n'est pas d'éducation qui ne soit transmission d'une culture et. par conséquent, ne la présuppose. Il ne suffit donc pas de préciser le degré d'intimité des rapports que soutiennent âme et corps de l'homme pour que la nécessité et, moins encore, les déterminations précises d'une éducation se trouvent établies. Au mieux, la métaphysique éclairera, dans ses profondeurs, la nature de l'homme. Aussi, est-elle impuissante, livrée à elle-même, à fonder l'éducation et par conséquent, l'éducation physique. Car l'éducation fait appel à la culture et la culture est tributaire de l'histoire. L'éducation physique ne gagnera pas, en se tournant vers la métaphysique et en se solidarisant avec elle, un droit au nom qu'elle porte et qui lui est si souvent contesté.

On n'établira vraiment le droit de l'éducation physique à la vie qu'à la condition de suivre une autre voie. Il faut la rattacher à une conception générale de l'éducation. Ce procédé est exigé par la logique. Un gaz n'est appelé hydrogène par le chimiste que s'il possède les propriétés de l'hydrogène. De même, pour mériter d'être appelée une éducation, l'« éducation » physique doit satisfaire aux exigences de la notion d'éducation.

Ce changement de méthode, il est vrai, semble. à première vue, peu opérant. La notion d'éducation est une des plus troubles qui soient; elle a reçu, au cours des âges, des contenus très divers. Les réformes la bouleversent. Solidaire de conditions politiques, économiques, idéologiques, on ne saurait l'en séparer sans être conduit à la définir de la façon la plus vague. D'où la surabondance des théories éducatives; d'où aussi, leur incapacité à se mettre d'accord. A partager le sort des rêveries éducatives et des conflits pédagogiques, l'éducation physique courrait, semble-t-il, le risque de ne jamais connaître qu'une justification précaire.

Acceptons, pour l'instant, qu'il en aille ainsi. Plongeons les individus et les sociétés dans une histoire qui les modifierait constamment et transformerait leurs croyances. Une théorie de l'éducation n'aurait évidemment jamais qu'un caractère chancelant si elle devait épouser le destin de sociétés vouées à fluctuer sans cesse. Mais l'histoire, dont se réclament ceux qui se refusent à attribuer quelque permanence aux idées des hommes, n'oblige pas à une vision aussi morcelée des événements humains. Qu'on parle d'âges ou de périodes de l'humanité avec Herder, d'étapes avec Condorcet, d'états avec Comte ou que, comme nombre de contemporains, on préfère structurer le déroulement historique, distinguer diverses civilisations, les différences ne sont certes pas minces. Mais, de notre point de vue, elles importent peu. Dans tous les cas, on reconnaît que la confluence de phénomènes industriels, politiques, économiques, esthétiques et autres, assure à une société, à un certain moment de l'histoire, une physionomie originale.

Il est d'ailleurs inutile de regarder plus loin que le cas de l'éducation physique pour s'en assurer. Celle-ci, croyons-nous, a présenté différents visages. Et l'on retrouve en eux les traits qui leur furent imprimés par la civilisation où ils apparurent.

La gymnastique grecque emprunte à des thèses métaphysiques qui furent constantes en Grèce la croyance en une solidarité de l'âme et du corps. Elle respecte la distinction des hommes libres et des esclaves, favorisée par d'évidentes raisons économiques et ne s'adresse qu'aux premiers. Encore concerne-t-elle, de préférence les plus fortunés d'entre les hommes libres; les circonstances politiques lui imposent de s'inspirer d'une conception du citoyen qui le destine à une vie libérée de tout souci, consacrée aux choses de l'Etat et à la conduite de la cité.

Que l'on considère maintenant l'éducation physique telle qu'elle apparut à partir du XVe siècle, on se rendra compte qu'elle reflète des conditions de civilisation nouvelles. Le christianisme, en séparant le corps de l'âme, rend possible un art qui ne concernerait que le corps et, en le lui subordonnant, il invite à tenir cet art, qui participe, en ce qui le concerne, à la grande œuvre de salut, pour éducatif. S'ajoutent à cette révolution métaphysique fondamentale des facteurs nouveaux qui contribueront aussi à fixer les caractères de l'éducation physique naissante. Elle s'adressera de plus en plus à une jeunesse bourgeoise qu'elle préparera aux comportements qu'exigent son état et son désir d'emprunter autant que possible les usages de la noblesse. L'importance croissante des sciences de la nature, la révolution qu'elles connaissent éloignent les explications et les prescriptions galéniques mais contribuent à ancrer la confiance en la nature et le désir de se conformer à ses inspirations autant qu'à ses lois. En outre, l'idée de culture, apparue en même temps que celle de progrès, oriente l'éducation physique vers des compromis entre le désir de suivre la saine nature et celui de ne pas méconnaître, voire tenir pour nulles, les acquisitions de la culture.

Comme la gymnastique grecque et l'éducation physique des temps modernes sont des phénomènes d'époque, le sport se trouve lui aussi lié de façon très étroite à des phénomènes de civilisation. C'est même, sans doute, son aptitude à intégrer des exigences, à satisfaire des nécessités de notre époque qui lui donne son lustre et la situation tout à fait prééminente qu'il occupe à l'heure présente. Le sport ne constitue pas, en effet, comme on le croit trop facilement, une sorte de comportement permanent de l'humanité qui se rattacherait à une nature humaine elle-même stable. Ce qu'on appelle un peu rapidement le sport grec est très différent du sport d'origine britannique, le seul qui mérite vraiment le nom de sport. On ne les confond qu'au prix de nombreux anachronismes et parce que, trompé par des analogies, on ne sait pas reconnaître la spécificité, cependant indiscutable, des deux phénomènes.

Les Grecs voyaient dans le jeu moins un délassement que la participation à la vie que mènent les Dieux immortels. Aussi étaient-ils naturellement portés à conférer aux jeux de théâtre et aux jeux du corps un caractère sacré qui les rendait particulièrement aptes à devenir une offrande, un hommage à la divinité. Ils attachaient aux compétitions l'importance que l'on sait mais se préoccupaient de la victoire, et non du record. L'athlète vainqueur leur semblait porter en lui la beauté physique et toutes les vertus morales; il représentait une sorte d'idéal humain.

Le sport d'aujourd'hui n'est pas né de l'agnostique des Grecs, même s'il a éprouvé le besoin, à un moment de son évolution, de s'en réclamer. Il procède du sport britannique. Et l'on s'assurera aisément que les traits qu'il présente sont en connexion étroite avec certains traits fondamentaux qui marquent notre civilisation.

La technique est le premier de tous. Non pas simplement parce que notre civilisation est essentiellement technicienne. Mais en raison des conséquences qu'un développement technique comme le nôtre ne saurait manquer d'entraîner. Le travail a toujours appelé un délassement. Mais la rationalisation, liée à la technique, rend le loisir beaucoup plus nécessaire. Le caractère artificiel de la production, liée à cette même rationalisation, l'éloignement des conditions de vie naturelles, qui est le sort des travailleurs, leur font souhaiter l'air et la verdure. La technique, toutefois, ne limite pas ses effets à créer chez ceux qui lui sont asservis comme des réflexes de défense. Sa destination est de remplacer l'effort de l'homme. Elle est aussi de servir des besoins et particulièrement des besoins corporels et aboutit même, par une dialectique sur laquelle Rousseau a beaucoup insisté, à en créer. La technique rend, par son existence, hommage au corps. Comment ne chercherait-elle pas à satisfaire ces besoins de délassement et de grand air qu'elle a, elle-même, rendus si intenses? Le jeu perd donc pour les modernes, le caractère que les Anciens lui reconnaissaient. Il ne hausse pas à une vie supérieure. Il défatigue un corps que le travail a lassé. Il distrait l'âme de ses préoccupations.

Des idées morales, étroitement adhérentes à notre civilisation, ont également contribué à faire naître le sport et à le marquer. Le XVIIIe siècle s'est avisé que l'homme, doté de qualités données une fois pour toutes en un état d'achèvement, l'homme clos sur lui-même, constitue une vue anthropologique périmée. L'humanité est lancée dans une histoire qui est celle d'un constant dépassement. Elle gagne des connaissances, inaugure des modes de vie. Sous l'influence du transformisme on s'est fait ensuite à l'idée que l'espèce humaine n'est pas constante. Elle est apparue; elle disparaîtra sans doute un jour. Ainsi est née tout naturellement cette croyance qu'il n'y a pas de limite à l'effort humain.

Une telle croyance ne pouvait pas ne pas s'appliquer à l'effort physique. De là, une comptabilité stricte destinée à mesurer les exploits humains par le moyen de la montre et du mètre. De là aussi, de véritables axiomes du sport : l'homme sautera toujours plus haut, courra toujours plus vite. Et lorsque l'entraînement et la technique ne suffiront plus à rendre possibles des performances plus élevées, il n'est pas absurde de compter sur une véritable mutation du corps de l'homme parce que le sport l'aura préparée.

Un autre facteur exerce ses effets sur le sport : le développement des sciences. La pratique sportive qui a favorisé l'étude de l'effort physique en reçoit, par réciprocité, les bienfaits. Le sport ne va plus aujourd'hui sans l'appel au biologiste, au physiologiste, au médecin.

On n'isolera pas davantage les transformations du sport du développement des idées démocratiques. Réservé d'abord à des groupes privilégiés, le sport s'est généralisé. Il en est allé à cet égard partout comme en Angleterre; la pratique en a été réclamée par les masses. Et celles-ci furent encouragées par les classes dirigeantes qui pouvaient redouter que les aspirations du peuple ne se limitent pas à un peu d'herbe et à un ballon.

Bien d'autres facteurs que ceux qui viennent d'être notés ont contribué à faire du sport ce qu'il est devenu aujourd'hui. Il importe peu à notre entreprise de les énumérer tous. Au reste plus on en distinguera et plus s'affirmera cette idée que les activités physiques sont conçues en fonction des phénomènes de civilisation. Elles constituent d'ailleurs elles-mêmes un phénomène de civilisation capable d'agir sur les autres.

C'est pourquoi il nous semble, en généralisant à l'ensemble des activités physiques ce qui vient d'être établi dans le cas plus particulier du sport, qu'elles sont inscrites dans la civilisation qui est la nôtre. Cela revient à dire qu'elles sont des phénomènes de culture, qu'elles n'expriment pas je ne sais quelles exigences d'une nature éternelle. Mais aussi, et précisément parce qu'elles sont des phénomènes de culture, indissociables des autres phénomènes de civilisation, elles en sont solidaires . Elles sont encadrées par eux.

Il n'en faut pas plus pour que l'éducation physique se voie confirmer ses prétentions éducatives. Si, en effet, l'éducation peut être définie l'action d'une culture sur une nature, l'existence d'une éducation physique est justifiée précisément par le caractère culturel des activités physiques. Une activité physique, lorsqu'elle est naturelle, n'est jamais qu'une activité physique, et l'on ne voit pas comment elle pourrait se voir attribuer un caractère éducatif. En revanche, lorsqu'elle prend place dans le contexte d'une civilisation et qu'elle se trouve rattachée à des causes et à des motivations différentes de celles que la nature trouve spontanément en elle, elle est un aspect de la culture. A ce titre, toute entreprise pour la communiquer sera dite éducative et l'être qu'elle transformera sera dit éduqué. L'appartenance de certaines activités physiques à une culture leur confère donc un caractère éducatif. L'éducation, nous l'avons déjà dit, ne saurait se saisir de conditions purement naturelles. Bien des éducateurs commettent une grave erreur en tentant de dériver l'éducation physique de la nature de l'homme. Un arbre cultivé est celui que l'homme aide à porter ses fruits.

Cependant, cette tentative pour donner une assise conceptuelle à la notion d'éducation physique rencontrera tout de suite une objection. Il semble, en effet, que la position que nous venons d'adopter témoigne d'une sorte d'effacement devant les faits, d'une subordination des valeurs aux faits. N'importe quel phénomène est culturel du moment qu'il n'est pas inscrit dans la nature d'un être. L'éducateur ne pourrait, à ce titre, que l'entériner. Il ne lui appartiendrait pas d'opérer un tri entre ce qui est souhaitable et ce qui ne l'est pas, mais au contraire de se mettre au service d'une quelconque valeur régnante ou de l'autorité du moment. Sous couleur d'intégrer l'enseignement des activités physiques dans l'éducation, nous aurions ainsi distendu à ce point l'éducation qu'elle recevrait la charge de communiquer, à l'égal des activités physiques, n'importe quelle idée, n'importe quelle pratique.

Une telle objection pose effectivement un grave problème et qui déborde le seul cas des activités physiques. Nous nous contenterons toutefois de deux remarques.

D'abord si soucieux qu'on soit de ménager le libre choix en matière d'éducation et. plus généralement, en matière de morale, nul ne peut honnêtement avoir la prétention, s'il réfléchit aux choses de la morale, de faire complètement abstraction d'un état de fait pour se limiter au champ des théories ou des hypothèses. Ainsi c'est un fait que la technique. Et le problème, si souvent agité, de savoir si les hommes doivent ou non renoncer à la technique est parfaitement vain. Ou encore c'est un fait fondamental, un processus irréversible que l'accroissement des connaissances humaines. D'autres aspects de l'histoire présentent une allure plus contingente, offrant davantage aux spéculations parce qu'ils ne sont pas consolidés. Nos discussions s'attachent aux formes de la conjoncture qui nous semblent, à l'encontre des premières, ne pas être soustraites aux décisions ni aux pouvoirs humains. Les grands phénomènes de civilisation fondamentaux, indiscutables, qui, comme la technique ou la connaissance, s'imposent de toute leur masse, ne laissent pas, eux aussi, de consentir, en certains points très particuliers, il est vrai, à une intervention des hommes. Ainsi la technique est irréversible mais il peut être discuté de ses modalités ou des problèmes humains qu'elle entraîne. Ou encore les hommes sont lancés dans une entreprise de connaissance qui rend entièrement vaines les critiques que Rousseau peut adresser à la science. En revanche, les conditions de la recherche scientifique nous paraissent suffisamment ouvertes pour qu'il ne soit pas absurde d'en débattre. Ainsi, quelque difficile que soit la distinction, à l'intérieur d'une civilisation, entre ce qui peut être considéré comme consolidé et la frange un peu trouble laissée aux décisions humaines, et même si cette distinction doit, pour gagner en rigueur, faire appel à des critères plus valables que l'intuition personnelle, certains traits d'une civilisation sont, plus que d'autres, essentiels, véritables piliers d'une civilisation.

Or, et tel est l'objet d'une seconde remarque, les faits de culture en fonction desquels nous avons vu que l'éducation physique trouve sa justification et sa raison d'être sont justement de ces traits fondamentaux. Une civilisation technicienne; une croyance en la possibilité d'un dépassement humain indéfini, fondée sur des réalités biologiques et historiques, un effort toujours plus poussé et plus organisé vers la connaissance; des idées égalitaires. Ces données historiques, et bien d'autres encore qu'une analyse plus serrée découvrirait sans peine, sont précisément les faits de culture que postule l'éducation physique et qui la fondent.

On voit donc que le caractère véritablement éducatif de l'enseignement des activités corporelles n'est pas une pièce rapportée de notre civilisation que des circonstances aléatoires suffiraient à supprimer, les autres éléments de cette civilisation demeurant stables. Il s'inscrit parmi les apports les plus fondamentaux d'une évolution historique. Et on peut, sans avoir la prétention de démasquer l'avenir, imaginer qu'il durera aussi longtemps que certaines acquisitions de l'humanité considérées comme essentielles, presque incorporées à la nature de l'homme: la technique, la science, l'idée de progrès, les valeurs morales essentielles liées à la personne humaine. L'éducation trouve son origine dans l'existence d'une culture. Il existe une éducation physique parce qu'elle est conditionnée par les éléments les plus stables de notre culture.

Le rattachement de l'éducation physique aux bases de notre culture suffit à la justifier. Cependant, on peut souhaiter pour elle un ancrage plus puissant. Il est compréhensible qu'on tente de l'assujettir non pas seulement à une culture mais à toute culture. L'entreprise consisterait alors à montrer que la notion même d'éducation implique l'existence d'une éducation physique. A ce titre elle peut paraître risquée, puisqu'elle conduirait à dire des systèmes éducatifs qui n'ont réservé nulle place à l'éducation physique, qu'ils sont inconséquents. Elle doit cependant être tentée. Car, à justifier l'éducation physique à partir de principes vraiment fondamentaux, à transcender toute culture particulière, on obtiendra de l'éducation physique une image qui, on le verra, risque d'être complémentaire de la première.

L'éducation est l'action d'une culture sur une nature. Cette définition suffit, en l'absence même de précisions et de commentaires dont elle aurait pourtant bien besoin, à faire saisir non seulement qu'on a le droit de parler d'une éducation corporelle mais qu'il n'est pas d'éducation en l'absence d'une éducation corporelle.

En effet une éducation, quand bien même elle serait hautement, voire exclusivement, intellectualiste, ne peut pas ne pas adopter à l'égard du corps une attitude pour le moins conservatrice. Il n'est pas exact de dire que la santé du corps conditionne dans tous les cas celle de l'âme. Mais le « mens sana in corpore sano » du poète, s'il n'exprime pas un fait, est tout de même autre chose qu'un vœu. L'esprit a besoin, pour fonctionner longuement, d'un corps qui tienne le coup, d'un corps en bonne santé. Sans résistance physique, les travaux intellectuels ne peuvent être qu'intermittents et fatigants. Assurément, il faudrait nuancer les relations qui s'établissent entre la santé du corps et les pouvoirs de l'esprit. Il est vrai qu'un corps malingre peut porter un esprit vigoureux. Mais il est vrai aussi que, dans l'immense majorité des cas, la santé offre à la pensée le silence et la soumission intérieurs, la complaisante euphorie qui favorisent et rendent plus aisé son exercice.

Or maintenir le corps en bonne santé conduit à dépasser une stricte attitude de conservation, de repli sur soi. Goldstein a établi que le simple maintien est, pour le corps, abandon. La santé ne consiste pas à vivre une vie rabougrie et chétive mettant tous ses soins à se protéger des cataclysmes ; une existence en veilleuse est guettée, au contraire, par tous les risques qu'elle ne cesse de redouter et qu'elle a le souci dominant d'éviter. L'homme en bonne santé, celui qui affronte des problèmes ou des difficultés qu'il n'a pas encore rencontrés, trouve en lui de quoi les surmonter. Si l'épanouissement de l'esprit, les plus intellectuels de ses travaux veulent la santé du corps, à son tour la santé du corps a pour prix une aptitude du corps au dépassement. Et, cette aptitude, seule la procure une éducation du corps.

Il ne faut donc pas hésiter à dire, si scrupuleux qu'on soit à l'égard de l'histoire et de ses nécessités, si peu désireux aussi de la régenter après coup en portant sur elle des jugements de valeur, que certaines éducations ont fait fausse route. Une éducation ne s'abuse pas en prétendant inculquer une certaine culture à un être humain. Car, en ce cas, si discutable ou même haïssable que nous paraisse cette culture, encore peut-elle présenter d'elle-même quelque justification. Elle est dans l'erreur lorsque, consciente d'être une éducation, elle est infidèle cependant aux conditions qui rendent possible ou efficace une éducation. Ainsi, ceux des éducateurs médiévaux qui, soucieux d'élever l'âme à sa seule vocation : le salut, ont cru faire assez pour le corps en acceptant qu'il fût maintenu en bonne santé se sont, eu égard à leurs propres fins, trompés. Car ces fins exigeaient bien autre chose, pour être atteintes dans les meilleures conditions, que le repos accordé par le cavalier pressé à la monture fourbue qu'il veut ménager.

Envisagée dans les plus fondamentales de ses exigences, celles qui s'inscrivent dans sa définition et sans lesquelles elle ne pourrait même pas se formuler, l'éducation ne peut s'accommoder de l'oubli ou de la négligence du corps. La disponibilité du corps aux fins éducatives constitue le premier et le plus urgent de ses impératifs, une sorte de condition *sine qua non*. A cet égard, l'éducation physique ne peut donc pas ne pas être tout à la fois la propédeutique et l'accompagnement, le prélude et le contrepoint de toute entreprise éducative. Elle est l'ensemble des moyens qu'emploie la culture pour assurer, par la conservation et le renforcement de la nature physique d'un être, son action sur la nature de cet être. Toute assimilation tendancieuse et mal intentionnée de l'éducation physique à un art du corps doit être, par conséquent, écartée. Des arts, comme celui du coiffeur, celui du pédicure, voire celui du chirurgien, peuvent bien s'attacher, eux aussi, au bien du corps. Entre eux et l'éducation physique une différence profonde subsistera toujours : une technique exercée de l'extérieur sur le corps ne saurait être confondue avec une entreprise qui se définit, à l'égard du corps, comme l'éducation intellectuelle à l'égard de l'esprit : un effort pour permettre à une nature de se transformer, de se dépasser elle-même.

II
DU DOMAINE DE L'ÉDUCATION PHYSIQUE

L'éducation physique trouve donc une double justification. Elle est indispensable à toute éducation. Elle est un aspect de notre culture. Ces deux justifications constituent aussi deux manières complémentaires de concevoir l'éducation physique et comme ses deux pôles.

En montrant que toute éducation ne peut pas ne pas se soucier de sauvegarder la nature, sur laquelle elle a pour fonction d'agir, on attribue à l'éducation physique un rôle essentiel, logiquement et effectivement indispensable. Mais, en contre partie, le domaine de l'éducation physique apparaît restreint, un peu liminaire. Il ne concerne que le corps seul, dont il retient presque exclusivement les dimensions biologiques.

Lorsqu'on établit, au contraire, de l'éducation physique qu'elle est un aspect non pas contingent mais constitutif de la culture humaine du XXe siècle, la justification qu'on en donne demeure relative à cette culture et confère, par conséquent, à l'éducation physique un caractère moins nécessitant. En revanche les fonctions que l'éducation corporelle est appelée à exercer se voient reconnaître un champ presque illimité. Loin de demeurer cantonnée au corps et d'avoir simplement pour fonction d'en assurer la conservation, l'éducation physique est conviée à participer à des faits de civilisation dans lesquels l'homme tout entier est engagé et non pas simplement son corps.

Ainsi, en établissant, comme nous l'avons tenté, le caractère vraiment éducatif de l'éducation physique, on se trouve avoir circonscrit le domaine dais lequel elle est amenée à s'exercer. La justification de l'éducation physique fournit encore, comme il est légitime, sa détermination.

Nulle classification, sauf peut-être celle qui porte sur des symboles, n'est vraiment exhaustive. Nos concepts ne parviennent pas à opérer entre les choses des discriminations suffisamment nettes pour que les groupements dans lesquels ils les rangent ne communiquent pas. Les sciences devraient, mieux que n'importe quelle forme du savoir humain, assurer leurs frontières. Elles n'y parviennent pas. Il leur faut renoncer à poursuivre une rigueur totale dans l'élaboration de leurs concepts chargés d'exprimer la nature. C'est pourquoi on ne s'alarmera ni ne se choquera que les classifications non scientifiques soient destinées à demeurer, à certains égards, chancelantes. Il reste qu'à défaut d'une précision dont on la tiendra quitte parce qu'elle ne peut pas la comporter et aussi parce qu'un excès de rigueur risquerait de fixer une matière dont la destinée est de demeurer mouvante et évolutive, on doit pouvoir formuler des exigences à l'égard d'une classification des formes de l'éducation physique. Elle doit être assez ample pour être capable de les embrasser toutes, assez ferme pour les regrouper sous des idées directrices et, enfin, ces idées directrices doivent définir des traits de l'éducation non pas contingents ou accessoires mais essentiels.

Nous avons déjà dit que l'éducation physique connaît une double polarité. On pourrait schématiser cette dualité en fonction de la définition de l'éducation. Si l'éducation est action d'une culture sur une nature, certaines de ses formes feront une plus grande part à la nature, d'autres à la culture. Dans un cas l'éducation s'efforcera d'assurer la nature dans son être, elle sera surtout conservatrice et, à ce titre, présentera un caractère de première urgence. Mais l'éducation a pour tâche de conduire la nature à se dépasser; elle s'aidera, pour y parvenir, de tous les moyens grâce auxquels elle pourra initier cette nature à la culture et, de cette façon, la transformer. Elle sera, en ce cas, plus disposée à modeler la nature qu'à la conserver; elle offrira une urgence moindre, il s'agit d'abord de sauvegarder l'essentiel ; les aptitudes et acquisitions culturelles viendront ensuite. Qu'un enfant se porte bien ; voilà ce qu'on lui demande avant tout. On s'occupera ensuite de lui apprendre à danser ou à marcher sur les mains.

Il est impossible d'établir, entre une entreprise de conservation et cette progression vers les formes les plus élaborées de la culture en laquelle consistent les modalités les plus hautes de l'éducation, une coupure nette. De la même façon encore, et sur un plan différent, le moment est indistinct, et sans doute même n'existe-il pas, où la nature de l'homme a engendré la culture.

Mais il n'est pas besoin d'opérer des distinctions tranchées pour trouver dans la dualité des pôles dont nous venons de parler un moyen commode de classer les aspects de l'éducation physique. Il suffit qu'elle présente, à défaut d'une dichotomie, une façon commode de distribuer les comportements. Et cette classification n'est pas seulement commode : l'importance prise dans la pensée actuelle par la confrontation de la nature et de la culture, l'intervention de ces notions dans la détermination de l'éducation la rendent particulièrement adaptée et opportune.

Cependant, un étagement des activités de l'éducation physique, s'il manifeste bien leur adhérence à une entreprise éducative générale qui a pour tâche d'introduire les êtres humains à la culture, a besoin d'être complété. Il regroupe les activités de l'éducation physique selon leur plus ou moins grande urgence et aussi leur simplicité et leur complexité relatives mais il néglige ce que leur contenu peut avoir de spécifique. Or si essentiel qu'il soit d'ajuster l'éducation physique à l'éducation dans son ensemble pour marquer à quel point elle en est solidaire, on ne saurait se dispenser d'opérer dans l'éducation physique des regroupements. L'inégale urgence de ses entreprises n'est pas, en effet, le seul facteur qui diversifie l'éducation physique. Quoique son objet soit le corps, ses intentions à l'égard du corps ou, ce qui revient au même, les perspectives dans lesquelles elle considère le corps, varient. De la même manière un vivant peut être étudié par la biologie dans ses composantes chimiques, anatomiques et physiologiques.

Un principe directeur semble s'imposer à cet égard. L'homme peut être considéré en lui-même, dans ses rapports avec son milieu, dans ses rapports avec les autres hommes. Cette classification n'est sans doute pas parfaite. Elle présente les insuffisances qui affectent toute classification qui s'attache à des objets réels; elle est conduite à méconnaître leur diversité, à ne retenir d'eux qu'une représentation abstraite. Mais les trois points de vue que nous retenons apparaissent, à condition justement de ne pas oublier qu'ils ne sont que des point de vue, vraiment fondamentaux.

Il semble que l'éducation physique en soit venue spontanément à valoriser une telle distinction. Si porté qu'on puisse être, pour des raisons qui apparaîtront ultérieurement, à réserver pour l'instant le problème si confus des «méthodes», on se doit tout de même de souligner que chacune des trois grandes «méthodes» qui voisinent et, bien souvent, s'opposent actuellement en France. évoque, sans d'ailleurs en épuiser aucun, l'un des grands points de vue dont nous parlons. La méthode des exercices construits est, pour l'essentiel, une gymnastique qui s'adresse à l'individu, s'efforce d'agir sur sa morphologie et ses fonctions. L'hébertisme met l'homme en présence de son milieu, il l'y adapte. Les activités sportives s'attachent à établir des relations diverses (émulation, sociabilité, moralité) entre les participants.

Mais cette classification dont nous parlons n'a pas pour seul avantage de constituer un peu comme le terme idéal vers lequel les systèmes d'éducation physique tendent naturellement. Elle présente un mérite bien plus important à nos yeux, celui de correspondre aux trois finalités essentielles de l'éducation si on l'envisage dans son acception la plus générale. L'éducation prétend former l'homme. C'est pourquoi, rejoignant en quelque manière les subdivisions de la morale (vie personnelle, vie politique, vie économique) à laquelle tant de liens le rattachent, l'éducation s'emploiera à parfaire la nature humaine dans le cadre des trois grandes dialectiques dans lesquelles la nature se trouve engagée : rapports entre l'homme et la nature, entre l'homme et les hommes, entre l'homme et lui-même. Ainsi les fins spécifiques de l'éducation physique apparaissent-elles la particularisation de fins éducatives plus générales. La relation intime qui la rattache à l'éducation considérée dans son ensemble, et sur laquelle nous n'avons cessé d'insister, se trouve inscrite dans la nature même des choses.

Démarche éducative	Fins éducatives générales Fins personnelles Action/Milieu Rapports humains Fins éducatives de l'E.P Fins personnelles Action/Milieu Rapports humains		
De la nature à la culture	de la santé et du délassement au perfectionnement ou dépassement sous toutes ses formes (morphologiques, psychomotrices...)	des activités de plein air à l'exercice de la profession	des rapports sociaux élémentaires à des rapports sociaux complexes et élaborés

Le Champ de l'éducation physique peut donc être inventorié à partir de deux principes directeurs. Nous avons tenté d'indiquer ci-dessus, dans un tableau, ce que pourraient être les grandes lignes d'un tel inventaire.

Ce tableau appelle quelques observations :

1) Non seulement les deux principes directeurs qui ont été retenus ne sont pas incompatibles mais l'un précise l'autre. Dire que l'éducation physique, comme tout éducation, fait passer l'enfant, ou l'homme, de la nature à la culture serait une définition bien vague si ne se trouvaient corrélativement précisés les domaines dans lesquels l'éducation physique entend mener cette éducation. Et inversement, les fins spécifiques de l'éducation physique se réduiraient, comme il arrive souvent, à un entassement d'objectifs particuliers dont le caractère éducatif ne

parviendrait même pas à ressortir si l'on oubliait de marquer la dépendance de ces fins à l'égard de l'entreprise éducative.

Cette dépendance est marquée doublement. D'abord par le parallélisme des démarches de l'éducation physique avec celles de toute éducation : on procède dans tous les cas de la nature à la culture. Ensuite par l'assujettissement des fins spécifiques de l'éducation physique à des fins plus générales : il est d'autres fins personnelles que celles qui mettent en cause le corps, d'autres actions sur le milieu que celles que l'éducation du corps rend possibles, d'autres rapports humains que ceux qui s'établissent par la voie des exercices ou des activités pratiqués en éducation physique.

2) Le détail des objectifs de l'éducation physique n'a pas été indiqué. Seules comptent, en effet, pour l'instant les deux limites entre lesquelles se distribueront ces objectifs. Un catalogue précis ne serait jamais assuré de rien omettre. Il engagerait inutilement un avenir qui, très certainement, ajoutera et retranchera à nos exercices. Enfin, et surtout, il n'apporterait rien au domaine des idées générales qui est celui auquel nous prétendons nous tenir ici. On court moins de risque à laisser vide un cadre dont on a précisé quel contenu il est appelé à recevoir, qu'à lui assigner un contenu prétendument exhaustif.

3) Les fins éducatives auxquelles s'attache toute éducation, et par conséquent l'éducation physique, peuvent bien être regroupées en trois catégories. Il n'empêche, nous l'avons assez souligné, que les subdivisions ainsi obtenues ne sont pas étanches. Un homme en bonne santé est évidemment en harmonie avec son milieu. Ou encore le milieu physique est toujours à bien des égards, pour un civilisé, un milieu humain. Ou encore il n'existe pas de coupure entre la réalisation de fins personnelles et celle de fins sociales. Mais il est inutile de multiplier les preuves des connexions de tous ordres qui rendent interdépendantes les différentes activités humaines. Il est inutile même d'invoquer leur nécessité pour rendre compte des lacunes que présente nécessairement toute classification.

Le moment est venu de montrer que cette absence d'étanchéité des différents domaines de l'éducation physique est particulièrement heureuse puisqu'elle permet sans doute de réduire l'irritant conflit des méthodes.

III
SUR LA MÉTHODOLOGIE DE L'ÉDUCATION PHYSIQUE

A) Examen critique

1) *La notion de méthode*

Toute pratique humaine cherche, après s'être assigné des fins, à les réaliser. Elle s'interroge sur les conditions de leur accomplissement. Elle se met en quête des méthodes qui lui permettront de venir à bout de cette entreprise. Ainsi en va-t-il de l'éducation physique. Il existe pour elle un problème des méthodes dès qu'elle s'est assurée avec précision de ses projets et qu'elle entend passer à l'action.

La notion de méthode est en elle-même, et indépendamment de toute application qui peut en être faite à l'éducation physique, fort ambiguë. Descartes a écrit un *Discours de la méthode pour bien conduire sa raison et chercher la vérité dans les sciences.* Mais on parlera aussi d'une méthode pour réussir la mayonnaise ou pour gagner au tiercé. Dans ces derniers cas, la méthode se confond avec un ensemble de procédés particuliers qui permettent d'obtenir un résultat lui-même particulier. A la limite, le mot méthode sera utilisé pour désigner un seul procédé, un agencement de gestes destiné à produire l'effet souhaité. Cet emploi du mot méthode est sans doute peu classique ; mais il est aujourd'hui courant. Au reste, il ne saurait être blâmé du strict point de vue étymologique : la méthode, c'est, à l'origine, le chemin que l'on parcourt pour se rendre en un lieu donné.

La notion de méthode présente donc deux aspects et, si l'on veut, deux pôles : système en un cas, procédés en l'autre. Mais il doit être bien entendu que ces deux aspects de la méthode n'en sont que des formes limites. Des formes intermédiaires ne peuvent être exclues. Et même, le plus souvent, c'est de ces formes intermédiaires qu'il est question lorsque l'on parle de méthode. Telles sont les méthodes scientifiques. La méthode expérimentale, par exemple, comporte les instructions d'ensemble, qui se coordonnent de façon systématique, et aussi des procédés relatifs à la diversité des cas particuliers.

2) *Pourquoi l'éducation physique est à la recherche d'une méthode*

Bien des raisons inclinent l'éducation physique à la poursuite d'une méthode. Sans doute, nous l'avons dit, des considérations logiques l'y disposent : il semble nécessaire, lorsqu'on poursuit des fins, de leur ajuster des moyens. Mais ces motivations ne nous semblent pas, en dépit des apparences, les plus importantes. Des recherches empiriques, qu'on ne traiterait pas comme des méthodes, suffiraient à remplir cet office. Nous pensons que le problème qu'on a pris l'habitude de nommer « le problème des méthodes » date, sous sa forme la plus aiguë, de la seconde moitié du XIXe siècle, de l'époque où l'éducation physique a cru bon de se solidariser avec la science, plus précisément avec l'anatomie ou la physiologie, et a espéré y parvenir. Auparavant, les systèmes d'éducation physique sont nombreux. Mais ils se donnent pour ce qu'ils sont : des entreprises éducatives comme les autres. Avec le positivisme sous toutes ses formes, l'idée s'accrédite qu'il n'est de connaissance que scientifique et que l'art doit demander ses propres buts à la science. Alors, soucieux d'imiter la science jusqu'au bout, il s'emploie à se découvrir une méthode qui soit à ses buts ce que la méthode de chaque science est à son objet. Or, la méthode sert à la science d'instrument heuristique en l'orientant vers les découvertes. Mais aussi elle coordonne des recherches qui, sans elle, demeureraient disparates. Ainsi l'éducation physique poursuit-elle, à la suite de la science, la mise au point de procédés systématiques ajustés aussi exactement que possible à ses propres fins.

Il existe donc une double dépendance historique des méthodes de l'éducation physique à l'égard des méthodes scientifiques. En même temps que la science etait censée fournir à l'éducation physique ses bases, les méthodes scientifiques servaient de modèle à la constitution d'éventuelles méthodes d'éducation physique. On se mit ensuite à utiliser l'expression de méthode pour désigner des doctrines qui, manifestement, ne se réclamaient pas de la science, soit qu'elles fussent, comme la «méthode amorosienne» antérieures à toute tentative d'édifier la pédagogie à partir de la science, soit que, comme la «méthode naturelle» elles fussent hostiles à des prétentions scientifiques jugées exorbitantes.

Nous admettrions d'ailleurs volontiers, soit dit en passant, que la pédagogie générale a, au même moment et pour les mêmes raisons, découvert ses méthodes, dites méthodes «nouvelles». Sans doute Rousseau ne dédaigne-t-il pas de parler de «méthode» mais c'est uniquement pour en marquer le caractère personnel[1]. L'idée de méthode est loin de s'identifier pour lui avec la revendication de procédés objectifs et quasi scientifiques. C'est au contact des méthodes scientifiques qu'une pédagogie, avide de suivre la leçon des sciences, s'efforcera de se forger des «méthodes» et croira – à tort, d'ailleurs – devoir les opposer à des «méthodes» anciennes. Aussi, lors même que, visiblement les «méthodes nouvelles» se conforment aux idées de Rousseau, par lesquelles elles ont été inspirées, elles se réclament moins de lui que des «lois» de la psychologie. Il est, à cet égard, bien remarquable que, dans les programmes officiels des «Ecoles nouvelles», publié en 1925 par leur *Bureau international,* le caractère scientifique de ces écoles, soit de prime abord, nettement souligné : «L'école nouvelle est un laboratoire de pédagogie publique»[2].

Ces remarques historiques n'ont en aucune façon la prétention de discréditer les méthodes en liant leur sort à celui des théories positivistes. Si des perspectives scientistes ont présidé à l'apparition du «problème des méthodes», celui-ci en demeure indépendant en droit. Mais l'importance, pour l'éducation physique, du modèle scientifique devait être soulignée. Car même si ce qu'on peut appeler la «période des méthodes»

1. «...Quand toute ma méthode serait chimérique et fausse...» *Emile,* Préface, édit. Richard. p. 2.

2. Ferrière, *Pour l'ère nouvelle,* 1925, p. 4.

n'a pas, dans l'histoire de l'éducation physique, l'origine que nous croyons devoir lui reconnaître, il n'est pas douteux que les procédés scientifiques ont exercé une influence, un attrait, sur l'éducation physique. Un mimétisme plus ou moins inconscient n'a pas pu ne pas animer l'éducation physique. Dès lors qu'on s'est mis à parler des « méthodes » de l'éducation physique, donc à désigner certains aspects de éducation physique d'un mot dont la résonance est nettement scientifique, on les destinait à imiter dans toute la mesure du possible les méthodes scientifiques.

3) *Problème posé par l'étude des méthodes de l'éducation physique*

Le problème des méthodes consiste toujours, lorsqu'on le formule, à discuter des mérites comparés de la gymnastique analytique, de l'hébertisme, du sport. On devrait pourtant se rendre compte qu'un tel problème n'est pas fondamental mais second. La notion de méthode est ambiguë. Les différentes méthodes particulières ne peuvent donc pas ne pas effectuer un choix parmi les sens qu'elle peut comporter. Or, ce choix préalable détermine en quelque manière les traits qu'elles seront amenées à donner à l'éducation physique et qu'on retient généralement seuls. Selon la manière dont le concept de méthode est entendu, ses contenus seront différents. Il est donc moins important de s'attacher à ces contenus qu'à la conception de la méthode qu'ils supposent.

C'est pourquoi notre problématique sera la suivante : Quel sens est-il légitime d'accorder en éducation physique à la notion de méthode ?

4) *Les différents types de méthodes en éducation physique*

Sans doute, les méthodes scientifiques ont-elles proposé à l'éducation physique un exemple jugé par elle très séduisant et sont-elles de véritables méthodes. Cependant, l'éducation physique se trouve dans l'impossibilité de s'inspirer des méthodes scientifiques pour élaborer les siennes. Les sciences, en effet, quelle que soit la diversité de leurs objets et de leurs méthodes, poursuivent dans tous les cas la connaissance. La méthode constitue pour elles une route vers le savoir, elle détermine les moyens qui doivent conduire au savoir. L'éducation physique attend plutôt d'une méthode qu'elle lui enseigne à agir.

a) *Premier type : unité de but ; unité de méthode*

On voit, dans ces conditions, ce que serait pour l'éducation physique la méthode la plus systématique, et disons-le, la méthode idéale.

Elle comporterait en premier lieu un but bien déterminé. Puis elle indiquerait quels moyens permettent de réaliser ce but. Mais, ces moyens, elle ne les présenterait pas en ordre dispersé, de façon multiforme.

Les éparpiller revient, en effet, à en faire de simples procédés. Elle les organiserait selon une structure qui pourrait comporter des modalités différentes. Un ordre constitue déjà une structure ; c'est même à un ordre que font principalement appel les méthodes scientifiques : la déduction rend compte du cheminement mathématique, l'agencement des procédés inductifs (hypothèse, déduction, vérification) définit la vérité des sciences expérimentales. Mais l'union méthodologique ne se manifeste pas nécessairement par un ordre. Elle peut être assurée aussi par l'unité d'une démarche, par la généralité de procédés, par le caractère privilégié de certains d'entre eux, et de bien d'autres façons encore. Tout ce qui coordonne des procédés, ou les rassemble, ou les fusionne, en un mot tout principe d'unification ou, comme nous l'avons déjà dit, tout ce qui les systématise est une méthode.

L'éducation physique peut-elle constituer une telle méthode ou, plus modestement, en escompter l'avènement ? En d'autres termes peut-elle s'assigner un but unique et constituer un système de moyens grâce auquel il sera atteint ? Si générale que soit cette question, il sera commode, pour tenter d'y répondre, de raisonner sur un exemple.

L'hébertisme fournit le meilleur. En effet, il revendique pour son propre compte la désignation de « méthode naturelle ». On est donc assuré, lorsqu'on parle à son sujet, de méthode, de ne pas aller contres ses intentions. La finalité qu'il prescrit est nettement définie. Adopter un mode de vie naturel et accomplir des gestes naturels : telle est la doctrine. Quant à la méthode proprement dite, qui assure l'accomplissement de cette fin, elle est nettement structurée. D'abord elle retient seuls les mouvements et les exercices naturels. Tous utilitaires, économiques, esthétiques : une analogie profonde les rassemble et les écarte de ceux qui ne le sont pas. En second lieu, à l'intérieur de ces mouvements et de ces exercices dont on n'a voulu, au départ, retenir que ce qui les unit, une différenciation s'effectue ; ils sont classés par genres et par formes d'activité. En un troisième temps, ces exercices et formes d'activité vont être hiérarchisés en fonction de leur valeur foncière. Viendra alors la leçon. Progressive et continue, elle adaptera aux cas individuels les exercices fonciers. Elle sera naturelle jusque dans sa technique. Car la technique ne saurait, dans une perspective telle que celle de Hébert, qu'être l'application consciente à des actes de plus en plus complexes de ce processus qui conduit les êtres guidés par la nature à se perfectionner par l'usage.

Notre souci de donner à l'hébertisme la plus grande cohérence, et aussi la nécessité de n'en offrir ici qu'un schéma, nous ont peut-être contraint à le durcir, sûrement pas à le travestir. Il se présente, en effet, comme une méthode déterminée selon un ordre logique. Lorsque le but a été fixé, les phases ultérieures s'ensuivent nécessairement : une phase de sélection qui retient les seuls actes naturels et en dégage les traits ; un classement ; une hiérarchisation ; une leçon, avec ce qu'elle comporte de technique. L'hébertisme, par son existence même, fournit, semble-t-il, la preuve qu'une méthode systématique est possible en éducation physique, il la réalise. Une seule perspective : la fin que l'on a définie. Et cette fin visée confère à toutes les étapes de la méthode leur justification, à la méthode son unité. L'hébertisme représente mieux peut-être qu'aucune autre doctrine, en raison du talent et de l'esprit systématique de son auteur, le type le plus unifié et le plus ferme d'une méthode en éducation physique. Il n'est pas le seul. La méthode de Ling, celle des exercices construits tentent aussi d'adapter de façon rigoureuse leurs moyens à leurs buts propres et de structurer solidement ces moyens.

C'est cette systématicité même, pensons-nous, qui va constituer la source principale des difficultés qu'elles vont rencontrer. Dans une doctrine telle que l'hébertisme, les moyens, avons-nous dit, sont liés de la façon la plus étroite à la fin poursuivie. Effectivement c'est parce qu'on désire une vie selon la nature qu'on isolera les mouvements naturels, qu'on les classera, qu'on les hiérarchisera, qu'on instituera un enseignement destiné à réhabituer à eux des corps dont la civilisation a rendu le comportement artificiel. Et cet assujettissement des méthodes aux fins est si considérable que le langage en est venu à mal les distinguer. Ainsi l'expression : méthode naturelle désigne souvent aussi bien les fins dernières de l'hébertisme que la manière proprement dite par laquelle on prétend les atteindre. Ou encore les conflits qui se sont institués entre les grandes doctrines d'éducation physique, souvent appelés guerre des méthodes, opposent beaucoup plus des systèmes que des méthodes. Lorsqu'une méthode d'éducation physique est très systématique, elle réunit en un ensemble dans lequel on parvient mal à les dissocier fin et moyens. L'unité de la méthode n'est rien d'autre qu'une projection, dans les comportements de l'unité de la fin. La méthode prétend offrir dans la pratique l'unité et la systématicité que la fin, qui les présente en théorie, lui a conférées.

C'est précisément cette unité de fin qui est discutable. Peut-on valablement prétendre que l'éducation physique s'ordonne à une seule fin? Nous avons eu l'occasion d'observer que les fins de l'éducation physique sont multiples. Mieux : nous avons pu nous convaincre que cette multiplicité était liée à la raison d'être de l'éducation physique. à sa nature.

Mais ce n'est pas tout. En affirmant l'unité des fins de l'éducation physique, on n'échappe pas à deux difficultés, l'une et l'autre insurmontables.

On n'unifie les fins de l'éducation physique que si on les représente par des notions très générales, très «englobantes». Ainsi, on dira d'elle qu'elle permet le «dépassement» ou la «disponibilité», ou la «liberté». Sans même entreprendre d'examiner de plus près ces notions ou bien d'autres que des théoriciens systématiques assignent comme buts à l'éducation physique, il est facile de s'apercevoir que le mérite qu'on leur prête ou l'intérêt qu'on leur porte viennent de leur généralité même. La « liberté », par exemple, consiste, pour ceux qui voient en elle la fin suprême de l'éducation physique, à ne pas être soumis à son corps, donc à demeurer en bonne santé, à être capable par rapport à soi de véritables performances ; elle consiste aussi à ne point dépendre des autres. Ainsi d'un concept comme celui de liberté on tire une multitude de significations qui lui sont prétendument rattachées. Ce concept camoufle une multitude de fins. Et il les camoufle sous une dénomination d'autant plus obscure qu'elle s'applique à d'autres fins aussi bien qu'à celles qui présentent quelque rapport avec l'éducation physique. La confusion seule rend possible, par l'affirmation de l'unité des fins de l'éducation physique, celle de ses méthodes.

Mais une seconde difficulté s'ajoute souvent à la première. A la faveur des notions générales, la métaphysique pénètre l'éducation physique et y introduit des conflits permanents. C'est ainsi que les doctrines les plus courantes de l'éducation physique expriment deux attitudes métaphysiques opposées à l'égard de la nature de l'homme.

La thèse d'Hébert selon laquelle l'homme s'adultère en quittant la nature repose sur la thèse que la nature est finalisée de part en part : il n'est donc que de se conformer à elle pour vivre comme il convient. Une telle croyance est fréquente : l'histoire témoigne que, d'Hippocrate à Hébert, elle a animé un nombre considérable de pédagogies. Une lecture un peu soigneuse des différentes doctrines de l'éducation physique, des plus anciennes aux plus actuelles, découvrirait même comme une orientation parmi les doctrines qui ont postulé la finalité naturelle. La sagesse grecque donne à la finalité une allure statique d'éternité. Pour elle, il appartient à chaque être d'avoir sa place en ce monde et d'y jouer son rôle. Ainsi en va-t-il du corps humain.

Une finalité est inscrite en lui, qu'il faut lire et à laquelle il faut se conformer pour connaître son destin. Hippocrate, Galien, tous ceux qui pensent dans le fond comme eux, même si des questions de doctrine les en séparent, lisent dans le corps le bien du corps. Plus tard apparaîtra la notion de progrès. Limitée d'abord à l'esprit, des facteurs multiples, au premier rang desquels il faut faire figurer l'évolutionnisme, en favoriseront l'application au corps. Alors il apparaîtra que le corps n'est pas conduit par des normes permanentes. La finalité s'ouvrira : elle enseignera que le corps peut se transformer, se dépasser. Mais elle demeurera présente en lui.

La nature sera interprétée de tout autre façon par ceux qui sont sensibles à ses insuffisances. La finalité naturelle, pensent-ils, n'est pas sans lacunes puisque l'art a pour tâche de la compléter ou de la rectifier. Parce que la nature se pervertit, il appartient à l'art médical et à la pratique pédagogique d'intervenir, chacun en ce qui le concerne. Il est trop simple de parler de « vis medicatrix naturae » alors que la nature se détruit elle-même,ou de penser qu'il faut laisser faire la nature quand cette nature n'est que primitivité ou barbarie. De là, des conceptions de la médecine et de l'éducation foncièrement opposées à celles qui se recommandent de la nature et dont la tâche sera principalement corrective. Pour elles, la nature n'est pas une finalité mais un déterminisme qu'il incombe à l'homme de plier à ses propres fins. A chaque époque une forme d'éducation physique opposée à la précédente entreprendra d'agir sur la nature pour la contraindre à des comportements qu'elle ignore ou ne réalise qu'imparfaitement. Elle trouvera dans une médecine antinaturaliste arguments et renforts. Comme la méthode naturelle, la méthode construite est donc de tous les âges. Mais elle a reçu dans les temps modernes des appuis particuliers : l'avènement d'une médecine orthopédique et d'une chirurgie l'a renforcée. Le développement de l'anatomie et de la physiologie au XXe siècle lui a également apporté un précieux renfort.

Ainsi l'unité de méthode en éducation physique est, tout bien considéré, une reflet de l'unité de fin. Cette unité de fin a besoin, pour se constituer, d'une idée abstraite assez ample et aussi assez trouble pour qu'en puissent éventuellement découler des fins multiples. Et cette idée abstraite est solidaire d'une véritable métaphysique. Disons sommairement, et pour nous en tenir à la terminologie qui nous a tant servi jusqu'à présent, que les doctrines de l'unité de fin présupposent qu'un choix a été effectué entre la nature et la culture. Les unes se préoccuperont de réaliser la nature, si diversement qu'elles la conçoivent. Les autres s'efforceront d'agir sur elle en fonction d'une certaine représentation que leur fournit la culture. C'est, dans les deux cas, éliminer un des pôles de l'éducation.

Cependant, quels que soient les avantages que procure à une méthodologie sa référence à une fin unique, faut-il qu'en refusant à l'éducation physique une seule finalité, on soit condamné à renoncer à toute méthodologie ? Il ne le semble pas..

Admettons – hypothèse parfaitement conforme aux thèmes précédemment développés – que l'éducation physique se propose des finalités multiples. A considérer les choses a priori, deux possibilités s'offrent à elle de disposer d'une méthode unique. Dans le premier cas une seule méthode sera le moyen de satisfaire à toutes les finalités. Dans le second cas différentes méthodes se conjugueront en une méthode plus complexe, chacune des méthodes particulières ayant pour objectif une des finalités particulières. Ces deux hypothèses ne sont pas seulement théoriques. Le sport se donne, chez certains, pour capable de constituer une méthode unique d'éducation physique et d'amener un être à réaliser toutes les fins que l'éducation physique lui propose. D'autres tentatives, plus éclactiques, prétendent assembler, voire fusionner des méthodes plus spécifiques.

On peut examiner, en s'aidant d'exemples, des méthodes de l'un et de l'autre type; mais, comme précédemment, il est indispensable, si l'on raisonne sur une méthode donnée, d'élever le débat jusqu'à sa plus haute généralité.

b) *Deuxième type : pluralité de buts, unité de méthode*

Le sport serait pour bon nombre de ses partisans la méthode unique grâce à laquelle l'homme atteindrait les diverses perfections dont rêvent pour lui tous les théoriciens de l'éducation physique, si opposés soient-ils. Il se placerait, si l'on en croit un récent *Essai de doctrine du sport* publié en 1965 par le Haut Comité des Sports « au service de l'homme » [1] en offrant à tous « le loisir » et, à la jeunesse plus particulièrement, un « moyen de formation » [2].

1. p. 19.
2. p. 21.

Nous pouvons, pour la commodité de cet exposé, négliger cette subdivision, au reste parfaitement légitime. Notre argumentation s'accommodera mieux d'établir que toutes les finalités que nous avons reconnues à ce que nous avons appelé de façon très générale éducation physique, et qui ne sont elles-mêmes que spécification des finalités éducatives les plus hautes, sont atteintes et satisfaites par le moyen du sport.

Le sport «est source de santé et de distraction»[1]. Il favorise la connaissance de soi, il propose les conditions d'un dépassement de soi, c'est-à-dire d'un enrichissement personnel, d'un progrès. Il permet à l'athlète de se réaliser par le mouvement et dans l'effort[2]. En bref, il est vraiment au service des fins personnelles, qu'on les considère sous les formes les plus élémentaires ou les plus élaborées.

Le sport ne manque pas non plus d'adapter l'homme à son milieu. Grâce à lui l'intelligence de l'homme ne sera pas «exclusivement orientée vers les abstractions»[3]. Elle sera «intelligence d'action»; elle aura «un contact direct avec le réel, avec le concret, une vue juste du souhaitable et du possible».

Enfin, le sport développe les qualités morales et sociales que la vie en groupe rend particulièrement nécessaires : «le fair-play, en donnant le sens des choses qui peuvent être faites et de celles qui ne doivent pas l'être, en donnant le goût de l'acte chevaleresque et le sens de l'honneur est déjà en somme, une attitude morale»[4]. Il est «ciment d'un groupe»[5]. Les sports d'équipe, en accoutumant aux disciplines du groupe, en donnant le sens du collectif, favorisent particulièrement l'adaptation à la vie sociale.

Il va de soi qu'en insistant sur la fécondité du sport et sur l'importance de ses effets, le Haut Comité des Sports ne saurait ignorer certains méfaits dont la réalité quotidienne porte le

1. p. 21.
2. p. 19.
3. p. 24.
4. p. 25.
5. p. 20.

témoignage. Physiquement, le sport risque de comporter des dangers pour un organisme qui le pratique sans discernement ni mesure. Moralement, le sentiment du moi risque de s'hypertrophier dans la compétition. Les conditions dans lesquelles le sport est pratiqué chaque jour sont loin d'en faire une école de sociabilité ou de vertu.

Mais c'est précisément parce qu'ils sont avertis des travers du sport que ses partisans croient devoir engager une «lutte nécessaire contre (ses) excès possibles»[1]. Il est enjoint au sport de «respecter rigoureusement les impératifs physiologiques propres à chaque âge»[2], de «préserver, dans la masse et notamment chcz les jeunes, l'idéal d'amateurisme et de fair-play»[3].

En préconisant de sages mesures, les rédacteurs du document dont nous parlons témoignent d'une netteté, d'un équilibre dont on se réjouit d'autant plus qu'on ne les trouve pas toujours chez les thuriféraires du sport. Mais il faut voir les présupposés qu'impliquent les dispositions que l'on prendra et aussi les conséquences qu'elles entraînent.

D'abord si l'on peut agir sur le sport pour le nuancer, souligner certains de ses aspects, éliminer des traits dont on pense qu'ils risquent d'altérer le visage qu'on lui souhaite, c'est que le sport ne constitue pas une entité. Si le sport était donné une fois pour toutes, on le pratiquerait ou on le négligerait. Il serait bon ou mauvais d'une façon absolue. Admettre, au contraire, qu'il peut être, selon la façon dont il est entendu et pratiqué, bon ou mauvais revient à ne lui accorder qu'une bienfaisance conditionnelle, à constater que la méthode sportive n'est recevable que sous réserve. La critique n'est pas grave. Mais elle invite à se demander si les conditions qui sont requises pour que le sport soit bénéfique n'obligent pas à lui refuser le monopole de l'éducation physique.

S'il n'est question que de réclamer aux enfants d'un âge donné les seules prestations qu'ils puissent fournir, on peut admettre sans difficulté que le sport livré à lui-même saura s'im-

1. p. 26.
2. p. 27.
3. p. 28.

poser dosage et progression. Mais on ne saurait s'arrêter là et se contenter de «respecter les lois du développement physique et physiologique de l'enfant»[1]. Ce dos voûté, il faudra le rendre plat. Ce corps débile, il faudra l'étoffer s'il doit affronter l'épreuve sportive sous l'une quelconque de ses formes. Autrement dit, le sport ne pourra pas aller sans que l'enfant soit soumis à des opérations correctives ou préparatoires.

Dira-t-on que ces opérations font partie du sport? Mais qu'on prenne la définition du sport que l'on voudra. Qu'on le caractérise avec les rédacteurs de l'*Essai de doctrine du Sport,* comme «une occasion de mouvement et de participation sociale»[2], ou comme «jeu et lutte»[3] qu'on voie en lui, comme il semble préférable, essentiellement une compétition, ou qu'on préfère s'arrêter à une autre définition, dans tous les cas il n'apparaît pas que le sport puisse, sans sortir de ses limites et de ses vocations propres, s'engager dans des entreprises qui, comme des activités de type correctif, excèdent évidemment son domaine.

Pas plus qu'il n'est en mesure d'assurer les finalités proprement individuelles que lui propose l'éducation physique, le sport ne saurait» normaliser» les rapports de l'individu et de son milieu. Assurément, il n'est pas de sport qui enferme l'individu en lui-même et ne le mette au contact des choses. Et certains sports, l'alpinisme par exemple, apparaissent très propices au débrouillage ou peuvent apporter une compensation indispensable à une vie professionnelle trop éloignée des choses. Mais ce privilège ne faut être accordé à tous les sports ou, ce qui revient au même, au sport entendu de façon très générale. On peut se demander dans quelle mesure un sport tel que le lancement du poids contribue à favoriser l'aptitude de l'individu à agir sur son milieu, c'est-à-dire satisfait à l'une des fins essentielles de l'éducation physique. Dira-t-on en ce cas, pour se tirer d'affaire, que faire du sport ce n'est pas pratiquer de façon

1. p. 27
2. p. 14.
3. Il y aurait beaucoup à dire sur les imprécisions de toutes sortes, les surdéterminations, les équivoques même dont la notion de sport se trouve affectée dans cet opuscule.

exclusive ou privilégiée tel ou tel sport mais un peu tous les sports ?

Une fois encore on aboutit à une déformation de la notion de sport. Pour les besoins de la cause on se fait du sport une conception qui ne cadre pas avec sa définition, quelle qu'elle puisse être, mais on outrepasse considérablement les bornes.

Certains voient dans le sport une méthode capable d'apporter la santé, l'adaptation aux milieux physique et humain. A leur avis, le sport rendrait inutile l'existence d'une éducation physique qui en serait indépendante. puisqu'il l'engloberait. Cette opinion a le mérite de souligner les bienfaits éclatants du sport, le renouvellement dont il peut être la source pour la culture du corps et celle du monde de l'homme. Mais il faut bien voir qu'elle peut s'accompagner de deux présuppositions entre lesquelles il est indispensable de choisir. Ou bien elle suppose que, ses effets bénéfiques, le sport les produit nécessairement, ou bien elle admet, cas le plus fréquent, qu'il doit être contrôlé. Abandonnons vite la première hypothèse : on connaît suffisamment certains méfaits du sport. La seconde hypothèse est plus acceptable, mais elle ne se rend généralement pas compte qu'un sport qu'on discipline pour atteindre, par son moyen, certains résultat, est, de ce fait, un sport auquel on aura imprimé certains caractères, dont on aura réduit ou supprimé d'autres. Il ne remplace pas l'éducation physique ; bien au contraire, il en suppose le contrôle. Il ne fournit même pas à l'éducation physique une méthode unique car, pour reprendre les deux exemples dont nous nous sommes servis, les opérations correctives ne relèvent pas du sport ni, davantage, une certaine adaptation au milieu, qu'il soit naturel ou professionnel.

Le sport est, d'essence, compétition. Rien n'empêche celui qui s'adonne à cette compétition d'avoir d'autres fins que la compétition, par exemple des fins éducatives. Rien n'empêche non plus d'utiliser la compétition pour atteindre ces fins et ces fins pour favoriser le succès dans la compétition. Mais on ne saurait établir, sans commettre à l'égard du sport bien des sophismes, qu'il peut légitimement prétendre s'identifier à l'éducation physique, ni même lui fournir la seule méthode qui lui sied.

c) Troisième type : pluralité de buts ; pluralité de méthodes

La pluralité des fins que s'assigne l'éducation physique ne s'accommode donc pas de l'unité de méthode. Soit. Mais cette unité de méthode est-elle vraiment indispensable à l'éducation physique ? Il semblerait, au contraire, plus logique que chaque fin différente doive être recherchée par une méthode particulière. Ainsi, l'éducation physique disposerait-elle d'autant de méthodes que de fins. Elle échapperait alors à cette propension qui la conduit à rechercher vainement la méthode unique. Telle semble d'ailleurs être actuellement l'orientation spontanée de l'éducation physique.

Ceux qui ont la charge de l'enseigner ont cessé pour la plupart d'être dupes de l'opposition des méthodes. Ils savent à quel point les méthodes peuvent être partiales. Et ils pensent être en mesure de neutraliser tout parti pris en associant les différentes méthodes. A quoi bon vouloir que l'éducation physique se voie contrainte à choisir entre une méthode naturelle, une méthode construite, une méthode sportive ?

Il est souhaitable, disent-ils, de demander que l'éducation physique apprenne à l'enfant les gestes qui sont ceux de la nature, restructure son corps, l'habitue aux joutes sportives. Juxtaposition des buts, juxtaposition des méthodes : à ce compte l'éducation physique élude les options absurdes, ne renonce à aucune des pratiques qu'on lui propose et dont chacune a fait ses preuves. Logique et expérience se rencontrent donc pour enrichir les fins et les méthodes de l'éducation physique.

Une telle réaction, à l'égard d'un conflit qui n'a que trop duré et a pu engendrer, dans l'enseignement de l'éducation physique, des oppositions bien souvent personnelles, se comprend aisément. Cependant, il ne suffit pas d'appeler de ses vœux une paix qui se traduirait par l'amitié entre les combattants. Il faut encore considérer à quelles conditions elle est possible. Que signifierait un rapprochement des méthodes qui affecterait la forme d'une coexistence ou d'une synthèse, ou se présenterait encore à mi-chemin de l'une et de l'autre ?

Nous nous sommes, en d'autres circonstances[1], employé à formuler et à discuter les rapprochements qu'ont établis entre les différentes méthodes des hommes soucieux de donner à l'éducation physique un aspect cohérent. Et l'on nous pardonnera de n'indiquer que de façon très générale et, pour ainsi dire, formelle, les difficultés que ne peuvent pas ne pas rencontrer des tentatives aussi différentes que celles de Gaulhofer et Streicher, de Westergren ou de Diem.

Une méthode particulière est en dépendance extrêmement étroite à l'égard une fin. Et les fins sont par essence exclusives : pour Hébert, il s'agit de vivre selon la nature telle qu'elle s'exprime principalement dans les comportements des primitifs; pour Ling, il faut conformer les mouvements aux lois de l'anatomie; pour les partisans de la méthode sportive, le sport est doué de toutes les finalités. Apparemment il semble possible de coordonner ces diverses façons : il suffit de vivre à de certains moments à la façon des primitifs, de pratiquer à d'autres la méthode suédoise ou une méthode voisine, de consacrer certaines heures au sport. Mais, en fait, se proposer toutes ces finalités oblige à gauchir les fins particulières que visent les méthodes.

Les malades savent bien que le médecin homéopathe commence par jeter à la poubelle les drogues de l'allopathe. On ne corrige pas l'un par l'autre deux médicaments antagonistes. On ne cumule pas davantage leurs effets. Ainsi en va-t-il pour l'éducation physique. Le mouvement naturel est bénéfique à condition que les effets n'en soient pas contrariés par une activité aussi méditée et élaborée qu'une gymnastique de laboratoire ou que le sport. Faire coexister des fins différentes constitue une entreprise qui, même lorsqu'elle est pas contradictoire (ce qui peut sembler souvent le cas), aboutit à en altérer, à en amoindrir les effets. En même temps que les fins, les méthodes, dont nous savons à quel point elles en sont solidaires, se gauchissent. La méthode naturelle ne prescrit pas seulement l'accomplissement d'actes et de gestes qui présentent les caractères que l'on dit naturels : elle exclut aussi les autres. Quelle signification sera alors la sienne si les gestes qu'elle rejette sont accomplis en

1. *De la gymnastique aux Sports modernes*, Paris, Vrin, 1965, p. 379-384.

vertu d'autres principes ? Que fera l'éducateur confiant en les pouvoirs correctifs d'une gymnastique médicale s'il lui faut admettre que le sujet qu'il s'efforce de modeler soit invité à accomplir des gestes opposés à ceux qui guérissent ?

C'est la fin qu'elle poursuit qui donne à une méthode systématicité et rigueur. Si la fin est modifiée, la méthode l'est également, si la méthode est infléchie, la fin qu'elle se proposait ne pourra pas être réalisée. C'est pourquoi, si peu qu'on touche aux fins et aux méthodes qui se veulent exclusives, on les transforme. Qu'on les oblige seulement à voisiner avec d'autres, c'en est fait d'elles ; on les a dénaturées. Ainsi en va-t-il d'une religion lorsqu'elle cesse d'être la religion d'Etat : elle devient culte parmi les autres ; elle perd la Vérité, elle ne s'impose plus mais se propose ; ainsi en va-t-il encore d'une femme lorsqu'elle cesse d'être seule aimée : conquête parmi d'autres. Il n'y a de méthode naturelle qu'à la condition d'admettre tous les dogmes de l'hébertisme. La méthode est intégrée dans une vaste entreprise. Sinon il ne demeure que de petits moyens pour atteindre des fins subalternes. S'il ne s'agit que de redresser un dos, non de soumettre son corps aux seules lois de l'anatomie, on n'a besoin que de trucs. La multiplicité des méthodes les supprime. Elle les ravale au rang de procédés.

L'éducation physique peut bien devenir un polypier de fins hétérogènes. On s'illusionne si l'on s'imagine qu'en rassemblant des fins elle unit des méthodes. La vérité est que les méthodes ont été élaborées en fonction du vaste champ que leur ouvrent des fins exclusives. Elles s'étiolent en même temps que les fins se rétrécissent en se multipliant. Encore une fois elles se transforment en procédés.

d) Quatrième type : pluralité de buts, absence de méthode

Le sens du mot méthode, disions-nous en commençant, est ambigu. Dans tous les cas où, comme en éducation pratique, il s'applique à un effort pour réaliser des fins, il désigne un ensemble de moyens grâce auxquels des fins sont accomplies. Mais ces moyens sont liés les uns aux autres de façon plus ou moins systématique. Les méthodes les plus systématiques agencent fermement des moyens, les plus lâches les accumulent seulement, les découvrent empiriquement. L'examen auquel nous venons de procéder doit nous convaincre que les méthodes peuvent être classées selon leur caractère plus ou moins systématique. Il nous convainc aussi de l'impossibilité dans laquelle on se trouve d'accepter de telles méthodes.

Que l'on poursuive un but, ou qu'on en recherche plusieurs, qu'on exige une seule méthode ou qu'on en accepte plusieurs, des raisons profondes ne tardent pas à venir dissoudre la notion de méthode. Il semblerait, tout bien considéré, que l'éducation physique ne puisse espérer faire appel qu'à des recettes. à des stratagèmes.

Une telle constatation pourrait sembler indifférente. Elle pourrait même être jugée satisfaisante : s'il est vain d'escompter une méthode pour l'éducation physique, c'en est fait de la guerre des méthodes, elle n'introduira plus la zizanie ni le trouble dans le monde de l'éducation physique. Il nous semble au contraire que, si elle devait faire son deuil d'une méthode, l'éducation physique subirait un préjudice grave. Devenue un regroupement de procédés disparates, elle perdrait d'abord en dignité. Mais, de plus, elle présenterait, comparée aux autres formes d'éducation auxquelles elle est apparentée, une disparité anormale. Il est d'usage de parler de méthodes éducatives. Si de telles méthodes ont leur place, lorsqu'il s'agit d'apprentissage intellectuel, pourquoi seraient-elles exclues d'une éducation dont les fins ne sont, tout compte fait, pas tellement séparables ni différentes des fins intellectuelles ? Le refus de concéder à l'éducation physique une méthode propre heurterait d'ailleurs l'opinion courante. Et s'il est légitime de se défier d'une telle opinion, elle mérite d'être vraiment éprouvée avant d'être rejetée.

Nous croyons que la notion de méthode a un rôle à jouer en éducation physique. Si, jusqu'à présent, on a échoué à lui faire un sort, c'est qu'on en a fourni une interprétation inexacte. Que soit rectifiée cette interprétation, le problème des méthodes, autrement formulé pourra sans doute recevoir une solution.

B) Thèses concernant la méthodologie de l'éducation physique

1) *Les théories de l'éducation physique se sont méprises sur la signification de la méthode*

Les tentatives que nous venons d'examiner se font, en dépit de leur diversité, une même représentation de la méthode et se posent, en conséquence, un même problème. La méthode est conçue comme l'ensemble, aussi systématisé que possible, des moyens qui permettent la réalisation d'une fin ? Ainsi définie, elle ne débouche que sur une seule problématique : comme se représenter la méthode de l'éducation physique ?

Si engageante que soit une telle définition et si net le problème, il faut les récuser. Ils alignent en effet le problème méthodologique de l'éducation physique sur celui des techniques de la matière. Les buts, en ce cas, sont donnés avec précision. Il s'agit de fabriquer un moteur qui tourne plus vite ou un alliage plus léger. L'éducation physique ne se trouve pas placée dans le mêmes conditions. Les buts qu'elle s'assigne ont l'ampleur et l'indétermination inévitables des concepts éducatifs. Et, comme toute pédagogie ne peut éviter de demander aux concepts les plus élevés de coiffer les fins subalternes, l'éducation physique ne saurait non plus éviter, si elle veut être systématique, de se proposer des fins nébuleuses. On reconnaîtra ce trait aux buts, couramment proposés à l'éducation physique ; la « liberté », par exemple, ou la « disponibilité ». Nous mêmes n'avons d'ailleurs pas évité un tel travers. Nous avons parlé de « fins personnelles » d'action sur le milieu ». Mais que sont ces « fins personnelles » ? Qu'est-ce que le milieu ? Comment concevoir « l'action » ? Quelles normes doivent inspirer « l'action sur le milieu » ?

Orientée vers un objet indécis et peut-être fluctuant au gré de facteurs nombreux, l'éducation physique ne saurait adopter la manière de faire, autrement dit la méthode, des techniques de l'inanimé. Elle ne s'emploie pas à ajuster tout bonnement des moyens à des fins préalablement données. Dans son cas, la détermination des moyens ne va pas sans la spécification de fins générales. Ainsi, pour prendre un exemple très élémentaire, l'éducation physique se préoccupe de procurer la santé à ceux, adultes et enfants, qu'elle prend en charge. Mais la santé n'est pas une notion simple. On ne fait généralement pas trop de difficulté pour admettre qu'elle dépend des cas singuliers : elle n'est pas si expansive chez les êtres chétifs que chez ceux qui débordent de force. Il faut aller plus loin encore. La notion de santé est aussi fonction d'autres facteurs, par exemple des pouvoirs humains à l'égard du corps. A une certaine époque, la médecine admet de l'individu en bonne santé qu'il traîne une gastrite ou une « faiblesse des poumons » s'il n'en subit pas de préjudice trop grave. Mais ultérieurement, dès qu'elle saura guérir les maux d'estomac ou la phtisie, elle se montrera plus exigeante à l'égard de la santé. Ce qui est vrai de la médecine l'est aussi de l'éducation physique. Aujourd'hui un individu ne sera plus dit bien-portant si son rachis est courbe ou la capacité de ses poumons jugée insuffisante. On ne pose pas une représentation achevée de la santé pour la faire passer ensuite dans les faits. L'idéal de santé, la notion de santé ne se définissent pas, pour l'éducation physique, indépendamment de nombreux facteurs culturels. L'un des plus importants est le pouvoir qu'a l'éducation physique d'agir sur le corps. On pourrait appliquer à l'éducation physique ce que Marx a dit de la philosophie : elle ne se pose que les problèmes qu'elle peut résoudre.

Lorsqu'on se représente la science comme un effort pour adapter les moyens intellectuels et autres dont elle dispose à la poursuite de la vérité, on la schématise. L'épistémologie contemporaine a montré toute la complexité des démarches scientifiques. De même caricature-t-on la technique lorsqu'on s'imagine que tout son effort est dans l'adaptation de moyens donnés à des fins qui le sont pas moins. Quand on s'interroge sur la méthodologie de l'éducation physique, on ne s'abuse pas seulement en l'alignant sur une conception aussi courante qu'inexacte de la science et de la technique. On lui imprime une simplification encore plus outrageante en croyant qu'elle peut disposer une fois pour toutes de fins et de moyens déterminés et qu'il ne s'agit que d'assujettir les seconds aux premières. Son problème est tout différent.

En quoi consiste-t-il au juste ?

2) *Cadre logique des problèmes que se pose l'éducation physique*

a) L'éducation physique se trouve en présence de buts qui prennent généralement la forme de normes. Ces normes ne s'offrent pas à chaque époque sous le même aspect à l'éducateur physique. Elles se particularisent au cours de l'histoire. Ainsi on s'est proposé d'abord, de façon très générale, la santé, ou l'obéissance du corps à l'âme, ou sa libération. Ces différentes finalités se sont décantées : le tableau que nous avons tenté d'en donner en apporte la preuve. La santé se concrétise en un certaine nombre de comportements (par exemple acquisition d'une structure normale, d'un équipement psycho-moteur normal, etc...) qu'il est possible d'étager selon leur urgence. L'action sur le milieu superpose un arsenal de finalités qu'il est possible de classer, elles aussi, selon les mêmes critères.

Les normes s'individualisent aussi. Les individus sont différents par leur morphologie. Ce qui convient à l'un ne vaut rien pour l'autre. Autrement dit, il existe des normes individuelles. Mais ces normes renvoient toujours en quelque façon aux normes générales. Si je souhaite aider par le moyen de l'éducation physique tel individu à gagner la santé ou à acquérir le schéma corporel qui lui manque, c'est que la santé ou le schéma corporel me paraissent souhaitables.

Ainsi, les buts de l'éducation physique sont solidaires de normes qui ne peuvent être que fluctuantes. Leur caractère indécis ne saurait en aucune façon être tenu pour une anomalie. Il s'explique généralement par deux raisons. Dans un cas, la réflexion n'a pas su ou pas pu dégager ces normes à partir de fins générales. Par exemple la préparation à la profession n'a été considérée que récemment comme une fin qui relève de l'éducation physique. Dans l'autre cas, les normes ne sont pas indépendantes de leurs conditions de réalisation; on ne peut assigner comme but à l'éducation physique de réduire les bosses tant qu'elle en est incapable.

b) L'éducation physique dispose d'un certain nombre de connaissances.

Comment agir sur le corps tant qu'on en ignore les lois ? De tout temps anatomie et physiologie, plus généralement biologie et médecine ont été considérées comme indispensables à l'éducation physique.

Notre époque découvre de plus en plus l'importance des sciences humaines. La psychologie fournit les lois dont la possession augmente les pouvoirs de quiconque prétend exercer une influence sur les hommes. Plus précisément une juste appréciation des rapports de la psychologie et de la motricité, tenues jusqu'à présent trop à l'écart l'une de l'autre, est extrêmement précieuse pour l'éducation physique.

Mais la motricité n'est pas seulement liée à des facteurs psychologiques. La psychologie sociale enseigne, en effet, l'étroit conditionnement du psychologique par le social. Et l'on sait de mieux en mieux que la motricité elle-même se trouve sous la dépendance d'un certain nombre de facteurs sociaux. Il convient d'ailleurs de noter que, si elle reçoit de riches enseignements d'études sociologiques, l'éducation physique n'est pas seulement, à l'égard de la sociologie, dans une attitude d'obligée : les clubs sportifs, les collectivités d'individus réunis par le désir de jouer ensemble offrent à l'étude des groupes un très important et très précieux domaine à explorer.

3) *Théorie de la méthode*

Les conditions qui permettent à l'éducation physique de se poser ses problèmes sont ainsi définies. C'est à présent que va apparaître le stade de la méthode proprement dite.

La méthode de l'éducation physique consiste dans l'ajustement des normes et des pouvoirs. Encore une fois, il ne faut pas concevoir cet ajustement comme une tentative pour réaliser une fin préalablement donnée avec des moyens eux-mêmes donnés. Ce serait retomber dans ces fausses interprétations de la méthode que nous avons dénoncées.

Ajuster des normes et des pouvoirs, c'est établir entre les uns et les autres une véritable dialectique. Car, au départ, l'éducateur physique ne connaît exactement ni les normes qu'il poursuit ni la limite de ses pouvoirs.

Normes et pouvoirs ne s'établiront qu'en fonction les uns des autres.

Nous avons déjà dit que, parmi les multiples facteurs qui interviennent pour contribuer à une formulation déterminée des normes, les capacités d'intervention efficace de l'éducation physique jouent un rôle important. Qu'on nous permette d'invoquer ici un remarquable exemple. Pendant des siècles on a prétendu trouver dans l'organisme une véritable condition de l'exercice de la pensée. Mais ce thème est demeuré contestable, verbal, prétexte à déclamation jusqu'à nos jours. Depuis peu seulement, on a trouvé le moyen d'établir avec un luxe convaincant de preuves cette idée que Rousseau a, le premier, découverte : l'intelligence abstraite et conceptuelle est précédée d'une véritable intelligence sensori-motrice liée au corps, et sans laquelle elle ne serait rien. Il n'est pas absurde, dès lors, de prétendre, par l'éducation du corps, agir sur l'intellect. Une norme nouvelle peut-être posée.

Corrélativement, les connaissances dont on dispose seraient finalement peu de choses pour l'éducation physique si elles n'étaient influencées par la norme que l'on se propose. Cette influence se manifeste au moins de deux façons. La norme sollicite les connaissances dont on dispose et les oriente ; elle constitue une intention qui spontanément, mobilise les facteurs auxquels elle fera appel. En outre, le désir de réaliser la norme constitue un éventuel facteur de recherches. Le désir de prévenir et de guérir est le principe moteur des connaissances médicales. Qu'on songe aux études si minutieuses que provoque le souci de perfectionner un geste sportif ou de fixer un schéma corporel.

La méthode de l'éducation n'est rien d'autre que ce mouvement de va-et-vient par lequel, au contact les unes des autres, normes et techniques se déterminent.

4) *Conséquences de cette théorie de la méthode*

Ce point de vue sur la méthode appelle d'importante conséquences.

a) Il y a deux façons principales de se méprendre sur la méthode.

La première consiste à attribuer le rôle essentiel à la détermination des normes. Une telle erreur peut conduire à différentes attitudes, pareillement inacceptables. On peut se contenter – ce fut le cas à l'époque héroïque, disons : pré-historique, de l'éducation physique – d'entasser des concepts et des conseils sans se soucier d'agir. On peut aussi partir d'une norme quelconque, généralement métaphysique, et, dédaigneux de l'expérience, déduire *a priori* de cette norme les moyens dont on usera. Cette première attitude est généralement condamnée. Elle constitue le fond de nombreux systèmes d'éducation physique. Et c'est à tort que l'usage s'est répandu d'appeler méthodes ces systèmes.

Une seconde attitude erronée se situe tout à fait à l'opposé de la première. Elle s'imagine trouver dans les faits la norme dont elle a besoin ou; plus précisément, prétend faire, grâce à la science, l'économie d'une telle norme.

Les méthodes à prétention scientifique croyaient autrefois trouver dans l'anatomie ou la physiologie les normes dont elles avaient besoins. Nous espérons avoir montré ailleurs[1] que les faits ou les lois, fussent-ils scientifiques, n'enseignent aucune norme, pas même que le rachis humain est normalement droit et que sa rectitude doit être recherchée. Il n'est pas dit que certaines « méthodes » actuelles ne tombent pas dans le même travers lorsqu'elles semblent demander aux sciences humaines, psychologie ou sociologie par exemple, des finalités que d'autres sciences, plus anciennement constituées, se sont révélées incapables d'enseigner.

La méthode de l'éducation physique ne consiste pas dans la proclamation d'une norme et dans l'effort pour tirer de cette norme des conséquences particulières. Elle ne consiste pas davantage dans un assujettissement à des déterminations positives, connaissances ou techniques. Elle comporte un double et solidaire aspect : elle ne peut pas considérer les normes sans les

1. *La nature et l'éducation*, Klincksieck, 1989, p. 107 -135.

référer aux techniques, ni échafauder des techniques éducatives en l'absence de normes.

b) C'est dire qu'il faut proclamer l'unité de la méthode de l'éducation physique. Cette unité de méthode signifie unité de démarches et mérite ainsi bien son nom. Mais il faut admettre aussi qu'elle peut présenter des aspects différents.

Certaines méthodes donneront aux idées plus qu'à la technique. Elles demeureront, en ce cas, quelque peu théoriques. Mais la théorie n'est pas blâmable si elle ne dédaigne pas les exigences de la pratique, si elle lui tend la main. D'autre méthodes se tourneront davantage vers la pratique. Elles s'efforceront surtout de mettre au point des dispositifs techniques qui permettront d'atteindre certains résultats.

Dans l'un et l'autre cas, qu'elles soient marquées par la théorie ou la pratique, ces méthodes pourront tendre vers un résultat général ou un effet particulier. Ainsi, l'étude des normes peut se faire de façon globale, en vue de l'édification d'une doctrine. Chez l'éducateur « sur le tas », que son métier confronte journellement moins à l'être humain qu'à tel homme, à l'enfance qu'à des enfants, elle revêtira une forme beaucoup plus individualisée. De la même façon, l'aspect technique de la méthode peut être une entreprise très générale : elle consistera par exemple à étudier la passe de rugby aussi bien qu'à mettre au point des méthodes pédagogiques. La technicité revêt un aspect plus particulier lorsqu'elle concerne des êtres singuliers dont elle veut conformer l'ensemble des traits ou quelques-uns des traits, à une norme. Toute technique qui porte sur l'humain ne sera efficace que si elle est individualisée.

c) La méthode de l'éducation physique telle que nous croyons pouvoir la dessiner est, à certains égards, la même que celle de certaines techniques éducatives employées en d'autres domaines. L'éducation physique use des méthodes les plus générales de l'éducation, qu'on les appelle actives, nouvelles ou comme on voudra. En retour elle contribue, nous l'avons dit, au progrès des méthodes éducatives. Ainsi, se trouve vérifié *a posteriori* le caractère véritablement éducatif de l'éducation physique. Et ainsi se trouvent soulignés les traits communs à l'éducation physique et aux autres formes de l'éducation : leur commune poursuite d'une norme d'essence morale, l'appel fait aux connaissances scientifiques diverses et notamment aux sciences humaines.

Mais la méthode de l'éducation physique se voit aussi accorder, comme il est légitime, des traits qui ne sont qu'à elle. La plupart des disciplines intellectuelles ne s'interrogent guère sur le contenu de leur enseignement ni peut-être même sur ses buts. Les mathématiques existent avant le professeur, objectives, massives, il peut oublier leur place dans l'ensemble de la culture dont les programmes s'efforcent, comme ils le peuvent, de faire bénéficier la jeunesse. Dans le cas de l'éducation physique, au contraire, les activités doivent être taillées sur mesure, le professeur ne peut, s'il fait son métier, éloigner sa pensée des normes qu'il leur assigne. Car l'éducation physique n'a pas le caractère constitué des autres formes d'éducation. Pour elle l'enseignement est toujours quelque peu recherche.

d) C'est un des traits et presque des critères de la vérité de rendre justice à l'erreur en permettant de découvrir la part de vérité qu'elle contient. Lorsqu'on explicite la notion de méthode en éducation physique et qu'on lui confère le sens que nous lui avons donné, on justifie autant qu'on le peut, c'est-à-dire dans ce qu'elle a d'acceptable, la distinction courante des méthodes construite, naturelle et sportive. Assurément on a tort de parler à leur propos de méthodes. Nous croyons avoir assez montré qu'en le faisant on raisonne sur une conception erronée de la notion de méthode. Mais on peut distinguer, dans ce qu'on a la fâcheuse habitude d'appeler des méthodes, un peu des trois finalités fondamentales que nous admettons. Elles définissent des orientations. Purgées de cette appellation de méthodes qui les opposait ou, tout au moins, les différenciait, leur véritable portée une fois reconnue, elles peuvent se coordonner et chacune peut cesser de revendiquer pour elle seule l'illusoire privilège de constituer la méthode unique de l'éducation physique.

CHAPITRE TROIS

LES DÉBUTS DE LA MÉDECINE DES ENFANTS[1]

I

L'histoire de l'enfance est d'abord celle de ses maux. La vie de l'enfant est sans valeur aucune pour les sociétés primitives. Dans le cas même où elles ne pratiquent pas le cannibalisme, la faiblesse de leurs ressources alimentaires et leurs croyances religieuses concourent pour infliger à l'enfance les pires traitements. L'infanticide supprime les bouches inutiles et s'attache, en ce cas, principalement aux filles. Mais il sert encore à concilier à un groupe humain les faveurs divines : sont supprimés les enfants qui déplaisent aux dieux ou que le rite commande de sacrifier pour s'assurer leur bienveillance. Les croyances religieuses sont encore prétexte à déformer le corps de l'enfant[2].

De telles mœurs n'appartiennent pas seulement à des peuples très archaïques et privés de civilisation – disons, si imprécis que soit ce mot, à des sauvages. L'exposition des enfants fut pratiquée par les Grecs.

Sparte, notamment, se montra très rigoureuse et recourut à la plus brutale des eugéniques. Le fondateur de Rome, Romulus,

1. Conférence donnée au Palais de la Découverte, le 4 mars 1967.

2. On peut lire, à ce sujet G. H. PAYNE, *The Child in Human Progress*, New York, 1916; exemples de mauvais traitements infligés aux enfants *in* ABT-GARRISON, *History of Pediatrics,* Saunders Company Philadelphia and London, 1965, p. 4 à 6. Cf. aussi *Mutilations ethniques* par CHEREAU *in* DECHAMBRE, *Dictionnaire encyclopédique des sciences médicales,* 1877.

fut lui-même exposé. Le *paterfamilias* gardera longtemps le droit d'exposer hors de sa maison les enfants qu'il ne veut pas reconnaître, « ce qui, en pratique, revenait à les condamner à mort ou, au mieux, à l'esclavage »[1]. Le fils, même reconnu par son père, peut être chassé, vendu « au-delà du Tibre » et, « dans les cas particulièrement graves »[2], mis à mort.

Les attitudes des sociétés, non plus que celles des individus, ne sont jamais simples. Les groupements mêmes qui admettent que l'enfant soit traité durement ne lui ménagent pas leur tendresse, surtout ceux qui sont soumis à une autorité politique de type matriarcal. La littérature grecque, depuis Homère, se plaît, le plus souvent, à placer l'enfant dans une douce lumière. De nombreuses œuvres d'art helléniques expriment la vie enfantine dans toute la diversité charmante de ses menues activités et de ses poses. Hommes et dieux vont perdre peu à peu leurs traits les plus farouches : leur autorité se verra assigner des limites par une morale plus capable de comprendre le sort des femmes, des esclaves, des enfants.

Quelque méprisable que fût sa vie, l'enfant dut être, assez rapidement, soigné. On pourrait même se demander s'il ne le fut pas plus tôt et avec plus d'attention que les hommes. Toutes les exigences, esthétiques, religieuses, sociales, qui réclamaient, pour qu'on l'acceptât, que son corps fût rendu conforme à certaines normes, obligeaient à user, à son égard, de procédés particulièrement efficients. Sans doute la plupart de ces procédés durent-ils être magiques. Mais il est probable que la plus ancienne médecine ne fit, pas plus que la science à ses débuts, le départ entre la pratique technique et la recette inspirée par la sorcellerie. La médecine grecque, elle-même, n'échappera pas à cette « tradition magique »[3]. Il semble donc légitime de ne pas disjoindre les débuts de la médecine des enfants des origines de la médecine.

1. GRIMAL, *La civilisation romaine,* Arthaud, 1960, p. 102.

2. *Id., ibid.*

3. BOURGEY, *La médecine grecque des origines à la fin de l'époque classique* in TATON, *Histoire générale des sciences,* P.U.F., t. 1 (1957), p. 279.

La médecine grecque n'est pas toute la médecine. En Egypte [1], en Mésopotamie [2], en Israël [3], en Inde [4], en Chine [5] les hommes ont tenté, avec des moyens originaux, de soigner les hommes. Cependant on ne saurait éviter de privilégier la médecine grecque. Elle est d'une incomparable richesse. Et, surtout, elle est à l'origine de notre médecine, de ce qui, à tort ou à raison, constitue pour nous la médecine. Les vicissitudes de l'histoire voudront qu'à de certains moments d'autres médecines, la médecine arabe et la médecine hébraïque, par exemple, fournissent à la médecine d'origine grecque des apports nouveaux. Elles ne changeront que fort peu le cours d'une médecine qui avait, au préalable, inspiré les livres mêmes qui prétendront agir sur elle.

II

Limitons-nous donc au courant médical qui trouve son origine en Grèce. Sans nier la diversité des sources qui ont pu l'alimenter, on n'a aucune raison de ne pas se conformer à la tradition qui fait naître chez Hippocrate, ou plutôt dans le corpus hippocratique, la médecine hellénique, C'est chez Hippocrate aussi qu'on trouvera la première médecine des enfants. Elle est liée à une théorie générale de la santé et de la maladie.

La santé est caractérisée par une mesure, par une exacte proportion, ni trop, ni trop peu ; excès et défaut révélant, avec la démesure, la maladie [6]. L'hippocratisme se place dans la plus

1. LEFEBVRE, *La médecine égyptienne, ibid.*, p. 50-71.
2. R. LABAT, *ibid.*, p. 89-103.
3. DUPONT-SOMMER, *ibid.*, p. 148-151.
4. FILLIOZAT, *ibid*, p. 174-183.
5. HAUDRICOURT et NEEDHAM, *ibid.*, p. 197-198.
6. « Il y a essentiellement santé quand ces principes sont dans un juste rapport (*metrios*) de crase, de force et de quantité et que le mélange en est parfait ; il y a maladie quand un de ces principes est soit en défaut soit en excès, ou, s'isolant dans le corps, n'est pas combiné avec tout le reste ». *De*

fondamentale des orientations de la pensée grecque. Ce qui est bon, que ce soit dans le domaine moral, dans la vie politique, dans la vie organique, est l'état tempéré qui naît d'un affrontement de forces contraires dont aucune ne l'emporte. La santé est au corps ce que la justice est à l'âme droite ou à la cité : résultat d'un équilibre en même temps que cause de cet équilibre.

Lorsqu'il s'agit du corps, l'équilibre doit s'effectuer entre les principes constitutifs du corps. Quels sont ces principes selon Hippocrate ? Les écrits du corpus manifestent un certain désaccord. Le *Traité du Régime* met en présence, conformément aux vues d'Empédocle et des médecins de Grande Grèce, le Chaud, le Froid, le Sec et l'Humide. Le *Traité de l'ancienne Médecine* conteste que tels soient les éléments fondamentaux du corps humain. A des éléments aussi généraux et vagues, il substitue une multitude indéfinie de qualités telles que le doux, l'amer, le salé, l'acide, etc. Entre des opinions aussi divergentes, des contextes philosophiques et physiques si différents, il n'y a aucune raison, étant donné l'ignorance dans laquelle on se trouve à l'égard de la personnalité d'Hippocrate, de choisir l'attitude qui serait la plus hippocratique. Ce qui est sûr, en revanche, c'est que la représentation la plus traditionnelle de l'hippocratisme la verra dans le Traité *du Régime.* Ce traité sera complété par celui *de la nature de l'homme*, peut-être apocryphe, d'ailleurs. En apparence, il n'existe pas de concordance entre ces deux traités. Le premier, nous venons de le dire,admet que les quatre éléments constitutifs de l'homme sont le Chaud, le Froid, le Sec et l'Humide. Le Traité *de la nature de l'homme* retient quatre autres constituants : le sang, la pituite, la bile jaune, la bile noire (atrabile). Mais Galien se chargera plus tard de concilier théorie des qualités et théorie proprement humorale. L'eau domine dans la pituite, la terre dans l'atrabile, le feu dans la bile. A leur tour ces éléments résultent de la combinaison, deux à deux, des éléments fondamentaux : le feu est chaud et sec, l'eau humide et froide, la terre froide et sèche. Par

la nature de l'homme, in LITTRÉ, *Œuvres complètes d'Hippocrate,* 10 vol., Paris, 1839-1861 (réédité en 1962 chez Adolf HAKKERT à Amsterdam), t. VI, p. 41, paragraphe 4. – Sur la maladie, cf. *Les Epidémies* (LITTRÉ VI, 567).

l'intermédiaire de l'eau, de la terre, du feu, chaud, froid, sec et humide constituent les humeurs de l'homme. Le sang, lui, se rattachera sans intermédiaire aux qualités fondamentales : il contient les qualités premières sans prédominance d'aucun élément.

L'équilibre en quoi consiste la santé est produit par la nature. Ce principe finalisé est à l'œuvre chez les animaux comme chez les hommes. Il agence l'économie de l'organisme. Il le fait croître. Il le répare en cas de maladie. La maladie ne saurait, s'il en est ainsi, provenir de la nature. Elle constitue dans tous les cas une entrave à la nature. Cette entrave est rapportée généralement par Hippocrate à deux causes principales. L'une est morale : elle consiste en ce que l'homme adopte, par paresse ou gloutonnerie, par exemple, un mode de vie pernicieux. Le déséquilibre moral entraîne en ce cas une perturbation physiologique. La maladie apparaît également lorsqu'un facteur extérieur, qui peut être un aliment ou un agent physique tel que l'air, rend impossible l'équilibre vital et oblige la nature à « le rétablir ».

La nature est l'agent de guérison. Mais il lui arriverait de succomber si elle n'était aidée par l'art. Schématiquement le rôle de la médecine présente, dans l'hippocratisme, deux aspects. D'abord un aspect préventif, celui qui. plus tard[1], s'appellera hygiène et auquel il nous est commode, en dépit d'un très léger anachronisme, de donner dès maintenant ce nom. L'hygiène réglera selon la nature le régime ou les exercices physiques, plus généralement celles des choses qu'après Galien la tradition médicale prendra l'habitude de dire « non naturelles »[2]. La thérapeutique s'emploiera à favoriser le déroulement dans l'ordre et le temps voulus des étapes que la nature impose de parcourir à un organisme malade qu'elle conduit à la guérison.

Hippocrate n'a pas consacré d'ouvrage particulier à la médecine des enfants. Cependant il s'est préoccupé de connaître et de

1. Ulmann, *De la gymnastique aux sports modernes*, Vrin, 1977 : sur les origines de l'hygiène, p. 88-89.
2. *Ibid.*, p. 69.

soigner les enfants[1]. Aussi peut-on tenter de donner aux développements qu'il leur a consacrés une allure un peu systématique. La nature enfantine, en raison de la croissance, trouve sa caractéristique essentielle dans une forte chaleur[2] et dans une humidité excessive[3], Cette prédominance du chaud et de l'humide, commune à l'enfance, n'empêche pas Hippocrate, selon un procédé constant chez lui, de marquer chez les enfants des traits moins spécifiques, des particularités. Ces particularités dépendent de l'environnement de l'enfant. Elles favorisent la santé ou l'éclosion de maladies déterminées. Ainsi un enfant né pendant un hiver doux, calme, pluvieux, ou par un printemps chaud, est voué à demeurer chétif et en mauvaise santé[4]; les enfants se portent mieux au printemps et au début de l'été[5]. Ou encore l'hydrocèle est fréquente dans les endroits froids; la puberté est retardée dans les pays froids.

L'âge des enfants est, lui aussi, à l'origine de certains troubles. C'est ce que le successeurs d'Hippocrate qui, on aura l'occasion de s'en apercevoir, n'ajouteront guère à ses observations, apprendront de lui, en même temps qu'ils retiendront la nomenclature des maladies de l'enfance. Ainsi les maladies du nouveau-né sont les aphtes, les vomissements, la toux, l'insomnie, les peurs nocturnes, l'inflammation du nombril, les suintements d'oreilles[6]. Lors de la dentition peuvent apparaître prurit des gencives, fièvres, convulsions, diarrhée[7]. Un peu plus tard les amygdales risquent d'être atteintes, l'enfant est exposé à la luxation de la vertèbre de la nuque, à l'asthme, à des calculs, aux vers, à des verrues, à la scrofule, aux tumeurs[8]. Les

1. On se réfèrera à l'index de l'édition LITTRÉ des œuvres d'Hippocrate, t. 10, *sub.verb.* Enfance.

2. *Aph.* I, 14 (LITTRÉ IV, 427). Cf. encore *Epid.*, 1, 6 (LITTRÉ V, 297, § 7).

3. *Du régime*(LITTRÉ VI, 511).

4. Aphorismes III, 12 (LITTRÉ t. 4).

5. *Ibid.*, III, 18.

6. *Ibid.* III, 24.

7. *Ibid.*, III, 25.

8. *Ibid.*, III, 26.

enfants de moins de sept ans sont exposés aux convulsions[1]. La puberté constitue un moment décisif.

Les maladies qui n'ont pas disparu alors deviennent chroniques[2].

Outre ces maladies provoquées par l'âge ou le milieu, Hippocrate en a recensé bien d'autres, par exemple l'épilepsie, ou encore cette inflammation aiguë de la vessie qui, sous sa forme la plus sévère, est généralement propre aux enfants âgés de sept à quinze ans[3].

Le traitement consistera évidemment dans tous les cas à faire cesser la cause du mal. Il ira du changement d'air ou de lieu à des médications plus spécifiques, que l'expérience et le raisonnement se conjuguent pour apprendre au médecin.

On ne fait généralement pas de difficulté pour admettre que l'apport d'Hippocrate à la médecine des enfants fut important. On souligne volontiers qu'il n'a pas limité sa médecine aux seuls adultes. On insiste sur la pertinence de ses observations cliniques, sur la sûreté de sa nomenclature nosologique. On observe encore qu'Hippocrate exercera sur ceux qui, bien plus tard, se nommeront pédiatres, une influence profonde et étendue sur des siècles. Il n'est toutefois pas certain, si pertinentes que soient de telles observations, qu'elles aillent à l'essentiel. Elles ont trop tendance à considérer la médecine des enfants comme un cas particulier de la médecine des adultes. Assurément elles peuvent invoquer en leur faveur que la médecine des enfants n'est pas disjointe de celle des adultes. L'hippocratisme ne lui réserve pas un sort particulier et l'on peut s'expliquer ainsi qu'il faille attendre les temps modernes pour que des traités médicaux soient consacrés aux seuls enfants. Mais même si Hippocrate n'a pas pris une conscience absolument nette de la spécificité enfantine, il reste que l'originalité de l'enfance lui apparaît au moins double. La diathèse enfantine est caractérisée par un surcroît de chaleur et d'humidité. Et l'enfance traverse un certain nombre de phases. Les particularités de l'enfance entraînent dans la

1. *Pronostics*, § 24.
2. *Aphor.*, III, 27.
3. *Prénotions coaques* (LITTRÉ V, 689, § 462).

médecine hippocratique des conséquences d'ordre pratique : certaines maladies sont propres à l'enfance et appellent une thérapeutique originale. Mais il ne semble pas qu'Hippocrate ait aperçu le retentissement qu'une telle spécifité comporte pour sa doctrine.

Pour l'adulte, la santé est un équilibre (d'humeurs, d'éléments ou de qualités, peu importe). Un tel équilibre définit par conséquent une norme qui s'impose d'elle-même à l'homme sain et qui constituera pour le médecin un idéal naturel qu'il s'efforcera de réaliser chez son patient. L'enfance, elle, ne peut pas viser un tel équilibre. Les deux traits qui la définissent l'en empêchent. Elle traverse des phases différentes : son équilibre devrait donc sans cesse être remis en question. Mais alors même qu'elle ne serait pas à ce point diversifiée, l'excès même qui constitue comme sa définition l'empêcherait d'atteindre un équilibre[1].

Ces remarques conduisent facilement à l'idée que l'enfance est une maladie. La maladie est absence ou rupture d'équilibre. Tel est bien le sort de l'enfance. Sans doute Hippocrate ne tire-t-il pas de telles conséquences. Mais elles rejoignent très expressément certains thèmes que la philosophie grecque se plaira à développer sur l'enfance. Celle-ci, pour Aristote, est, dans son fond, irrationalité et désir. Elle ne trouve en elle ni frein ni mesure. Elle ressemble davantage à la folie qu'à l'équilibre de la raison. Il n'est sans doute pas trop risqué de supposer qu'Hippocrate a développé, en les transposant sur un plan physiologique et en les habillant, des idées fort répandues à son époque et qui le demeureront ensuite.

L'assimilation de l'enfance à une maladie, même si elle n'est pas proclamée en fait par Hippocrate ne manquera pas de produire dans sa doctrine un certain nombre de tensions. Si peu

1. A vrai dire, ce n'est peut-être pas l'excès de chaleur et d'humidité qui détermine la situation particulière et la fragilité de l'enfance. Aucun âge n'échappe à la prédominance de certains éléments : l'adulte, par exemple est caractérisé selon le Traité *du Régime* (LITTRÉ VI, 512) par la prédominance du sec et du froid. La prédominance d'un élément détermine en quelque manière la diathèse mais ne constitue pas en soi un événement fâcheux. Mais le cas n'est pas le même lorsque les éléments en excès sont la chaleur et l'humidité. Leur mélange est, en effet, un facteur de corruption.

conscients que lui et, vraisemblablement, ses successeurs en aient été, elles introduisent dans l'histoire de la médecine des enfants bien des difficultés.

En premier lieu la distinction hippocratique de l'hygiène et de la thérapeutique risque fort d'être compromise. L'hygiène est destinée à maintenir la santé, la thérapeutique à la restaurer. Mais l'enfant cesse-t-il jamais d'être malade ? On s'apercevra vite que l'hygiène des enfants est une lutte qui commence dès la naissance, et qui ne cessera pas, pour défendre l'enfant contre les maux qui l'assiègent. Le développement de l'enfant exige plus que des règles d'hygiène : des soins minutieux. La frontière est indécise qui sépare l'enfant en bonne santé de l'enfant malade. Lorsque Soranus d'Ephèse[1] voudra préciser quels soins doivent être donnés au nouveau-né, il n'évitera pas de mêler à des préceptes d'hygiène, concernant par exemple l'alimentation ou le sommeil, des règles qui appellent des actes véritablement médicaux : le cordon ombilical doit être coupé ; l'enfant est, en quelque façon, pétri par le médecin[2].

Pour préjudiciable que soit à l'hippocratisme l'impossibilité de distinguer rigoureusement entre l'hygiène et la thérapeutique, il y a plus grave. La notion sans laquelle il ne serait pas de doctrine hippocratique, celle de nature, risque de se trouver contestée. D'une manière très générale, et sans envisager encore les conséquences que comportera pour elle une réflexion sur la médecine des enfants, l'importance accordée à la nature soulève des objections essentielles. Une médecine qui accorde à la nature, celle de l'homme, par exemple, une finalité totale ne peut, sans se désavouer, expliquer la maladie qu'à partir d'une

1. *Traité des maladies des femmes.* trad. fr. par HERRGOTT, Nancy 1895.

2. Par exemple : « le médecin, partant de l'espace entre les fesses, sera amené à l'occiput, puis du cou au sacrum exerçant sur la colonne une douce pression pour lui donner à la fois une forme gracieuse ainsi que de la mobilité aux vertèbres ; ensuite l'index et le médius appliqués au-dessus des fesses creusent une dépression gracieuse et les mains, appliquées sur les parties supérieures des vertèbres cervicales, les repoussent en avant afin qu'il ne se produise pas une courbure en avant de la colonne et on fera de même aussi à la région dorsale, vis-à-vis le diaphragme où il se produit souvent de la gibbosité afinque là toutes les vertèbres soient égales ». p. 115-116.

autre origine. Que la nature puisse être mauvaise, l'hypothèse est évidemment exclue. On ne saurait même accorder qu'elle se dérègle. Or il est bien difficile de ne pas admettre que, spontanément, l'équilibre de la santé s'abolit. Et on est conduit au paradoxe d'une médecine naturaliste : si la nature est bonne, pourquoi la médecine ? et si elle n'est pas bonne, comment la médecine peut-elle prétendre 1a suivre ? De telles difficultés, dont l'hippocratisme ne peut se débarrasser, peuvent dans une certaine mesure, sinon être oubliées, au moins être éludées : en fait la nature est bonne et la médecine guérit. Mais la médecine des enfants risque de raviver les méfiances et les doutes. La nature, chez l'enfant, n'aboutit jamais à l'établissement d'un équilibre. Qu'elle recherche l'excès ou qu'elle soit incapable de l'éviter, le résultat est le même : on ne peut remettre l'enfant à la garde de la nature puisque, dès la naissance de l'enfant et toutes les fois même où il se trouvera en présence d'un enfant réputé sain, le médecin est contraint d'intervenir. Le privilège de la nature ne se trouve peut-être pas révoqué par la médecine des enfants. Mais l'orientation souvent équivoque et vacillante de la nature de l'enfant risque de contraindre rapidement à un choix qui mettra en cause toutes les options majeures d'une médecine naturaliste.

III

Le caractère très systématique et cependant ouvert de l'hippocratisme, son aptitude à supporter les tensions, à se régénérer chaque fois qu'il le fut expliquent que, sensiblement jusqu'à la fin du XVIIIe siècle, il ait exercé une domination sur la médecine. Les attaques dont il fut l'objet l'obligèrent souvent à se modifier. La confiance en la nature, pièce maîtresse de la doctrine, demeura en ce qu'elle a d'essentiel. La médecine des enfants n'eut pas d'autre sort que celui de la médecine : elle demeura inféodée à l'hippocratisme.

Il faut noter cependant, de sa part, une sorte de volonté d'autonomie. Des traités particuliers vont porter sur la médecine des enfants. Soranus d'Ephèse avait, nous le savons, consacré de très remarquables développements aux soins qu'exige le nouveau-né. Mais c'était dans un ouvrage concernant les maladies des femmes. A peine si l'enfant était considéré séparément de sa mère. Durant l'Antiquité, ni Galien, ni Arétée de Cappadoce, qui pourtant, avaient le souci de soigner des enfants, n'accordèrent de livre aux seules maladies de l'enfance. Pas davantage les compilateurs romains (Celse ou Coelius Aurelianus) ou byzantins (tels Oribase, Aetius, Paul d'Egine) ne dissocièrent la médecine des enfants de celle des adultes.

Il se peut que Rhazès ait, le premier, entrepris de traiter des maladies des enfants[1]. Que son originalité soit réduite[2] ne lui retire pas son mérite. Il est certain, en tout cas, que, depuis les années 1472- 1473 qui virent paraître presque simultanément les premiers ouvrages européens consacrés aux seules maladies de l'enfance, ceux de Bagellardi[3] et Metlinger[4], l'habitude s'établit de faire à la médecine des enfants un sort particulier.

Quelques réserves que nous ayons pu suggérer sur la fermeté de la distinction hippocratique entre l'hygiène et la thérapeutique, dès lors qu'il s'agit de soigner les enfants, cette distinction est maintenue. On aura intérêt à s'y conformer pour esquisser une vue synthétique de la médecine des enfants jusqu'au XVIIIe siècle.

L'hygiène infantile est apparue avec Soranus. Et elle se conservera sans grand changement jusqu'à la fin du XVIIIe siècle. Tel apparaît son premier trait. Il est vrai que les déve-

1. RHAZES, 860-923 : *De aegritudinibus puerorum et earum cura* trad. in *Opera parva Abuletri*, Bâle, *in officiis Henrichi Pétri*, 1544.

2. « Ses ouvrages sont une sorte d'inventaire ou de répertoire de la science des Anciens, complétée ou même contrôlée par son expérience personnelle ». LECLERC *in* DECHAMBRE, *Dictionnaire encyclopédique des sciences médicales*, 3e série, t. 2, 1 877, sub. V°.

3. *Libellus de aegritudinibus infantium*, Padone, 1742 *in* SUDHOFF *Erste Linge der pädiatrischen Literatur*, Münich, 1925.

4. *Ein Regiment der Jungen Kinder* 1475, reproduit *in* SUDHOFF *Erste Linge*.

loppements que Soranus a consacrés à la façon de traiter les enfants en bas âge sont extrêmement remarquables. Tout commence par un examen de l'enfant, opéré par la sage-femme. Elle « verra d'abord si l'enfant pourra être élevé ou non. puis quel genre de nourriture lui conviendra ; elle s'informera pour savoir si la mère s'est bien portée pendant sa grossesse car les maladies du corps lèsent aussi le foetus et exercent une action fâcheuse sur sa vitalité. On verra ensuite si l'enfant est né à terme... Elle verra si les membres sont bien conformés, si les organes des sens sont normaux..., si les pressions exercées avec le doigt sur les diverses parties du corps déterminent les sensations normales, causent les pleurs comme cela est naturel »[1].

L'enfant est ensuite lavé, purgé de son méconium ; emmailloté[2], couché[3], baigné et frictionné[4]. Chacune de ces opérations donne lieu à de très minutieuses précisions. Mais aucune n'appelle autant de détails que le choix d'une nourrice. Soranus inaugure vraiment une tradition qui va se continuer sans désemparer, ne cessant de développer les mêmes thèmes presque dans les mêmes termes.

Le choix de celle qui donnera son lait, mère ou nourrice, constitue en effet une opération d'une rare importance : le sort de l'enfant en dépend. Aucun de ses aspects ne doit être laissé au hasard. D'où nombre d'investigations et d'exigences. Les adoptant, ou à peu près, Simon de Vallembert, dans le premier livre de médecine infantile écrit en français[5], les formulera ainsi :

> pour faire que la nourriture de la mère soit meilleure à l'enfant, six ou sept conditions sont requises, lesquelles conviennent aussi bien à la nourrice : la première est qu'elle doit être loin de son enfantement, un mois pour le moins selon aucuns : combien que nous montrerons au chapitre suivant que le temps commode à la mère d'allaiter l'enfant n'est point déterminé. Secondement il est requis qu'elle soit sans fièvre ou autre maladie qui corrompe le lait. Tiercement

1. SORANUS, *loc. cit.*, p. 84-85.
2. Chap. XXVIII.
3. Chap. XXIX.
4. Chap. XXXIV.
5. *Cinq livres de la manière de nourrir et gouverner les enfants dès leur naissance*, Poitiers 1565.

> qu'elle ne soit grosse ni, envieuse de coucher avec l'homme. En après qu'elle ne soit colère, ivrogne, ni autrement morigénée. Outre plus doit avoir le bout des mamelles idoine à allaiter et faut qu'elle ait assez de lait. Davantage elle ne doit être vexée d'aucune forte évacuation, soit naturelle ou artificielle. La dernière condition est que son lait ne soit corrompu et n'ait mauvaise qualité parce que non seulement il ne profiterait, ains serait pernicieux à l'enfant[1].

La nourrice sera soumise à des examens physiques et moraux. Les traités d'hygiène infantile se succèdent et se communiquent les uns aux autres problèmes et procédés. Ils ne se différencient que sur des points mineurs. Par exemple sur la meilleure manière de «nettoyer le cuir de l'enfant»[2]. Sur ce point, les moyens préconisés par Galien diffèrent de ceux que proposent Avicenne, Rhazès, Avérroës et aussi des procédés qu'employaient très anciennement «les sages-femmes de France»[3], *La Paedotrophia,* poème de Scévole de Sainte-Marthe (1584) fournit un bon recueil de soins que, pendant des siècles, on a donnés aux enfants nouveau-nés.

En exposant les premiers soins d'hygiène qu'exige le nouveau-né, les médecins déclarent expressément s'adresser aux mères. Il s'agit pour eux, la plupart du temps, de lutter contre les prétentions des sages-femmes ignares dont les pratiques sont nocives.

> Parce que la plus grande partie d'icelles sont ignorantes et se commet beaucoup de fautes envers les enfants par leur ignorance, j'ai entrepris d'écrire cette instruction pour les enseigner : laquelle j'ai mise en langue française afin qu'on ne la trouve étrange,

1. *Ibid.*, p. 3.
2. *Ibid.*, p. 37.
3. Galien employait le sel et la saumure. Les médecins arabes frottaient d'huile la peau de l'enfant. «Les sages-femmes de France» « enveloppaient l'enfant tout premièrement de peau de mouton ou d'agneau récentement écorché et étant encore en sa chaleur, en intention de l'alléger du travail qu'il avait souffert à l'issue du ventre de sa mère et de résoudre les gourfoulures de la superficie de son corps et, avec ce, déterger le cuir et, finalement fortifier les membres». VALLEMBERT, *ibid.*, p. 43.

dit Vallembert en 1565[1]. Le même thème se retrouvera encore chez Cadogan en 1752[2] et chez Brouzet en 1754[3]. Descartes n'a pas été le premier à vitupérer les nourrices.

Mais des traités d'hygiène infantile il n'y a pas à retenir seulement qu'ils s'emploient à donner des conseils à tous ceux qui ont la charge des tout jeunes enfants et en particulier à leurs mères. Il nous semble extrêmement remarquable qu'à partir d'une certaine époque ils aient tendance à se confondre avec ce qu'on nomme alors éducation physique. La notion d'éducation physique, depuis son apparition[4] jusqu'à la fin du XVIIIe siècle, ne présente pas le sens limité que nous lui connaissons de nos jours. Tout ce qui concerne le bien du corps, tout ce qui est de nature à assurer sa santé, sa disponibilité à des fins religieuses, politiques ou morales appartient à l'éducation physique. On conçoit que la distinction ne soit pas très rigoureuse entre des préoccupations que nous appellerions aujourd'hui médicales et des intentions qui seraient pour nous culturelles et véritablement éducatives. On conçoit aussi que des pédagogues n'hésitent pas à prodiguer des conseils aux hommes et aux femmes soucieux de procréer de beaux enfants, ou les ayant engendrés, de leur assurer une parfaite santé[5]. Cette orientation de l'éducation est apparue au XVe et au XVIe siècles[6]. Elle est parfaitement visible chez Locke, philosophe et médecin, mais philosophe plus que médecin, qui prétend au début même de son livre d'éducation, instruire les parents de ce qu'ils « doivent faire sans le secours

1. P. 30.

2. *Essay on the Nursing and management of Children,* 1750; trad. fr. sous le titre *Essai sur la manière de nourrir et d'élever les enfants* et publiée en 1752 en appendice à John HUXHAM, *Essai sur les différentes espèces de fièvres.* Il dit des sages-femmes et des nourrices qu'elles sont ignorantes et « se fondent sur les exemples et les pratiques de leurs aïeules qui les tenaient de médecins aussi ignorants qu'elles », p. 324.

3. *Essai sur l'éducation médicinale des enfants et sur leurs maladies,* 2 vol., Paris, 1754. Brouzet déclare (réf. p. V) que les enfants sont soustraits aux médecins. Il cite à ce propos une page de Whofferi Hercules (?) *De morbis infantium,* p. 353 : « major habetur fides idiotae alicui mulieri quam exercitato Medico ».

4. ULMANN, *De la gymnastique...,* p. 149-171.

5. Cf., par ex., la *Callipaedia* de Quillet, trad. fr. 1749.

6. ULMANN, *loc. cit.,* p. 152.

de la médecine pour conserver et augmenter la santé de leurs enfants ou, du moins, pour leur faire une constitution qui ne soit point sujette à des maladies »[1].

Elle se continuera au XVIIIe siècle[2]. Elle aboutit, à la limite, à évincer le médecin au profit du pédagogue. Emile ne verra jamais de médecin.

Inversement on peut concevoir que l'éducation soit sollicitée à ce point par la médecine que le médecin se fasse éducateur. Tel est le cas de Vandermonde[3], celui de Brouzet, ou celui, plus net encore, de Verdier[4].

Comment expliquer la confusion croissante de l'hygiène et de l'aspect physique de l'éducation ? Il est vraisemblable que le caractère encore très rudimentaire de l'hygiène infantile à joué un rôle important. Si intéressants, si utiles que soient les conseils prodigués par les médecins, leur ancienneté les a transformés en de quasi-évidences qui, pense-t-on, frappent tout esprit sensé sans que la médecine soit requise de leur apporter sa garantie. Cette opinion se fortifie de ce que les nourrices s'arrogent, la plupart du temps, une charge de médecins et de gouvernantes. L'éducateur en vient alors naturellement à penser qu'il est capable de raisonner aussi droitement que le médecin des choses du premier âge et d'évincer les prétentions absurdes et sordides des nourrices. Que sa conception de l'éducation s'élargisse alors jusqu'à s'adresser au physique de l'homme, elle se distingue mal d'une hygiène.

Les médecins, de leur côté, s'apercevront vite qu'il n'est pas commode d'écrire une hygiène sans qu'apparaissent des préoccupations éducatives. Le seul fait, déjà, que le médecin, qui sait que les vices se transmettent par le lait maternel, soit amené à refuser les nourrices passionnées ou vicieuses élargit son domaine. Mais, de façon plus générale, la médecine des temps

1. *Quelques pensées sur l'éducation,* 1695, chap. I, § 5, trad. Coste, p. 3-4.

2. Sur l'eugénique au XVIIIe siècle, cf. MERCIER, *L'enfant dans la société du XVIIIe siècle,* Dakar, 1960, p. 173-183.

3. *Essai sur la manière de perfectionner l'espèce humaine*, 2 vol., Paris, Vincent. 1756.

4. Sur Verdier, Cf. ULMANN, *loc. cit.*., p. 240-246.

modernes comme celle de l'Antiquité, n'isolera pas la santé physique d'une véritable santé morale. L'homme vicieux se porte mal. La déraison naît chez lui, comme chez l'enfant, d'un excès de certaines humeurs. L'hygiène de l'enfance exige donc que lui soient données de bonnes habitudes. Le caractère de l'enfant dépend du soin qu'on prendra de lui. Trop dorloté, l'enfant demeurera fragile et exigeant, dépourvu d'endurance et de courage. Un maillot trop ajusté le laissera chétif. Galien était déjà très sensible à l'action du corps et de l'âme l'un sur l'autre[1]. Lorsque Metlinger, au XVe siècle, examine[2] quels soins doivent être donnés aux enfants de 2 à 7 ans, son propos ne va pas sans préoccupations éducatives. Il discute de la valeur relative de la fermeté et de la douceur dans l'éducation des enfants. Autre exemple : celui d'Omnibonus Ferrarius. Ce disciple de Galien a le souci[3] d'éviter à l'enfant la crainte, la tristesse, les veilles, le dessèchement du corps, la colère qui accroît la chaleur du cœur, laquelle, en se diffusant dans l'organisme, donne la fièvre. Il recommande le jeu. Il refuse d'autoriser un enfant de moins de six ans à commencer de s'instruire auprès d'un maître.

Cette quasi-indistinction de l'hygiène infantile et de l'éducation physique est importante. Elle habituera les théories de l'éducation à rompre avec une théorie médiévale, très intellectualiste, de l'éducation. L'éducation physique pourra se recommander de la médecine auprès de ceux qui auraient été portés à penser qu'elle usurpe l'appellation d'éducation. Quant à la médecine des enfants, sa cohabitation très étroite, on pourrait presque dire : sa confusion, avec l'éducation physique ne laissera pas d'entraîner pour elle d'importantes conséquences. Elle s'habituera à aller chercher ses normes dans un domaine qui, au sens strict, n'est pas le sien. Elle demandera à la morale ou, plus précisément, à une certaine représentation sociale de

1. *Que les mœurs de l'âme sont la conséquence des tempéraments du corps* (trad. pas Daremberg in *Œuvres anatomiques, physiologiques et médicales de Galien*, Paris, J.-B. Baillière, 1854, t. 1).

2. Dans la 4e partie de son *Régiment...*

3. *De arte medica infantium Libri 4 quorum duo priores de tuenda eorum sanitate, posteriores de curandis morbis agunt*, Brescia, 1577, livre I, *passim* (Nous avons en main une édition de 1598).

l'enfant, ses propres buts. Incapable, pour des raisons qui nous sont apparues, de découvrir par l'anatomie ou la physiologie la norme de l'enfance, elle remplacera cette norme que la médecine ne lui offre pas par une norme sociale. Elle s'interdira de dissocier la nature enfantine d'exigences sociales. Comme ces buts sont essentiellement ceux qui s'imposent aux adultes, l'enfance apparaîtra aux médecins une tension vers l'âge adulte et ses valeurs. L'enfant sera aisément pour le médecin ce qu'il est pour son époque : perversion, balbutiement et carence[1].

Au début du XVIIIe siècle, et même l'aube du XIXe siècle, des médecins[2] se plaignent de ce que la médecine des enfants n'existe pas. Elle est demeurée en l'état où l'avait laissée Hippocrate. L'affirmation n'est pas absolument justifiée. Quelques modifications ont été apportées aux thèses et à la thérapeutique hippocratiques. Mais il est vrai qu'elles procurent aux théories du maître des aménagements plutôt que des transformations. Des premiers traités consacrés à la médecine des enfants jusqu'à ceux qui, comme celui d'Underwood, cloront le XVIIIe siècle, la part d'originalité des successeurs d'Hippocrate est faible. Il est cependant indispensable de la mesurer.

Les premiers ouvrages qui, dans les temps modernes, s'attachent aux maladies des enfants sont purement et simplement des compilations. Bagellardi, à qui revient l'honneur d'avoir écrit le premier ouvrage pédiatrique, se met à l'école des Arabes et, plus particulièrement, de Rhazès[3]. C'est Rhazès et d'autres médecins arabes aussi qui inspirent à peu près à la même date Metlinger. Cornelius Roelans, qui n'a d'autre ambition que d'être un *Aggregator* se réclame surtout d'Avicenne et de ses commentateurs[4]. La médecine des enfants s'introduit

1. Sur la représentation de l'enfant jusqu'au XVIIIe siècle, cf. ARIES, *L'enfant et la vie familiale sous l'ancien régime*.

2. Par exemple BROUZET, *loc. cit.*, Préface, p. XXIX-XXX ; Lefebvre de Villebrune in *« Avertissement nécessaire »* à la trad. fr. de Underwood *Traité des maladies des enfants*, 1786, p. III et IV.

3. Pour les emprunts de Bagellardi à Rhazès. cf. SUDHOFF *Erstlinge...*, p. XIII-XIV.

4. Roelans, *Opusculum aegritudinum puerorum*, 1483-1484. Cet incunable a été réuni à ceux de Bagellardi et de Metlinger et publié par

donc en Europe surtout avec les ouvrages des Arabes. Sans le retour aux sources grecques, qui marquera le XVIe siècle, la lecture des grands médecins grecs est impossible. Ce qui ne signifie pas que leur influence soit nulle : c'est en grande partie leur leçon qu'apportent les médecins arabes.

L'hippocratisme ne marquera fermement la médecine des enfants qu'à partir du XVIe siècle. Du XVIe à la fin du XVIIIe se succéderont de très nombreux ouvrages inspirés par le souci de soigner les enfants. On peut en apercevoir immédiatement les traits communs en prenant comme exemple l'ouvrage de Mercurialis : *De morbis puerorum tractatus*[1]. Ce livre constitue une véritable somme de la médecine antique tant dans ses principes que dans ses procédés thérapeutiques. Nous laissant guider par lui, nous n'hésiterons pas à le confronter avec le Traité de Vallembert. L'un et l'autre, unis en Hippocrate, permettent cependant de discerner des orientations quelque peu divergentes de la médecine hippocratique.

L'urgence d'un livre traitant des maladies des enfants est affirmée tout d'abord.

> Cette partie de la médecine a été traitée par les médecins avec une telle sécheresse. pour ne pas dire une telle imprudence, et nombre d'entre eux la pratiquent aujourd'hui si platement, qu'on peut bien constater qu'elle a conduit plus d'enfants au tombeau qu'à la santé[2].

Ce thème sera constant chez ceux qui, jusqu'au XIXe siècle, écriront sur la médecine des enfants[3]. Il n'y a cependant aucune

SUDHOFF, cf. dans la préface de SUDHOFF : « l'alpha et l'oméga, pour lui, c'est Avicenne », XXXVII.

1. L'ouvrage n'a pas été rédigé par Mercurialis lui-même mais par un élève, Johann Choscziegoioski (Johannes Groscesius) qui a recueilli ses leçons. Le rédacteur explique, dans sa dédicace au Sénat de Poznan, que Mercurialis, sollicité de livrer ses *deportationes* au public, décida de les faire imprimer. Mais comme il n'en avait plus chez lui, il demanda à un de ses élèves de les rédiger. Le livre est de 1583. Nous citons l'édition de 1803 publiée à Venise.

2. P. 1 r.

3. Cf. par exemple : HARRIS, *Traité des maladies aiguës des enfants*, trad. fr. par Devaux, 1730 : « Je sais que j'entreprends de parcourir un pays dont la route est assez mal tracée et même presque inconnue » p. 2 ; BROUZET : « Un ouvrage qui présenterait sous un seul point de vue les plus

raison, pense Mercurialis, pour que les médecins ne guérissent pas les maladies des enfants. Encore est-il qu'il faut savoir ce qu'est l'enfance et expliquer ses maladies.

L'enfant va jusqu'au second septenaire. Elle se termine, contre l'avis d'Aristote, qui la limite à sept ans, avec la puberté car

> comme les plantes sont dites achevées lorsqu'elles commencent à porter des fruits, on appellera homme celui qui commence à porter de la semence et peut propager l'espèce [1].

L'enfance peut être subdivisée en un certain nombre de périodes. Mercurialis en reste là, sans se soucier autrement de marquer les diverses phases de l'enfance parce qu'il ne leur rapportera pas les différents types de maladies. D'autres, disons-le tout de suite, plus fidèles à Hippocrate, auront à cœur de marquer plus soigneusement certaines subdivisions à l'intérieur de l'enfance. Ainsi Vallembert admet quatre époques dans l'enfance. La première va de la naissance à la sortie des premières dents, soit au septième mois. La seconde débute lorsque les dents sont toutes sorties et se termine à deux ans. «La troisième commence dès lors et finit à 7 ans, lorsque les dents se renouvellent» [2]. La dernière s'identifie avec le second septenaire.

L'enfant, poursuit Mercurialis, présente tant dans son corps que dans son âme un certain nombre de traits qui lui sont propres. Dans son corps, se manifeste une prédominance de la chaleur et de l'humidité. D'où une propension particulière aux maladies s'il est vrai que les corps chauds et humides sont particulièrement soumis à la corruption et à la putréfaction. Quant à

essentielles de ces connaissances et qui les rassemblerait en corps de doctrine serait d'autant plus utile qu'il manque absolument à la médecine et à la société» (*loc. cit.* Préface, I, XXVII); UNDERWOOD; «persuadé qu'on ne pouvait rien statuer sur la manière vague et indécise dont ces petits malades s'expriment, on a mieux aimé les abandonner aux soins de vieilles femmes ou des nourrices que de tâcher de les entendre. Si ces femmes, a-t-on dit, emploient des moyens curatifs moins convenables et appropriés avec peu d'intelligence, au moins ne leur feront-elles pas de tort avec des remèdes violents» (*Loc. cit.*, p. 4).

1. P. 1 v.
2. VALLEMBERT, *loc. cit.*, p. 193.

l'âme, elle est sous l'emprise des désirs, vouée à l'accomplissement de fautes.

Telle étant l'enfance, avant même de traiter de ses maladies, le médecin croit indispensable de justifier, contre les usages et même l'avis de certains doctes, sa propre intervention. On serait tenté, dit-il, de se conformer aux habitudes des Egyptiens qui soustrayaient les enfants à la médecine ou de suivre l'exemple de l'Antiquité qui a si peu fait pour la médecine des enfants.

Comme le disait Platon, au livre 1 de la *République*, l'enfant est plus intraitable qu'une bête» et, par suite, incapable d'accepter des remèdes. Mais il n'est pas possible que «la Nature et Dieu»[1] qui ont voulu que les enfants fussent exposés aux maladies n'aient pas voulu également leur guérison. Simplement il conviendra de ne pas oublier que cet âge doit être traité d'une manière particulière. La médecine des enfants n'oubliera pas non plus qu'à la différence des «autres bêtes»[2] l'enfant naît très dépendant et ne peut subsister qu'avec l'aide d'autrui.

Mercurialis, s'inspirant d'Hippocrate, voit cinq raisons qui expliquent que l'enfance soit, plus que l'âge adulte, exposée aux maladies. Il est remarquable que cette étiologie aille rechercher les causes des maladies de l'enfance uniquement dans les conditions ou le milieu dans lesquels elle se trouve placée[3]. Le tempérament de l'enfant dont on a pourtant souligné à quel point il favorise la corruption est quelquefois oublié lorsqu'il s'agit de déterminer avec quelque précision la cause des maladies.

Parmi les maladies de l'enfance, les unes lui sont communes avec les adultes, les autres lui appartiennent en propre. On conçoit que, dans ces conditions, deux classifications étaient

1. 2 r.

2. *Cetera bruta* (Z r.). Nous nous permettons de souligner cette expression.

3. En ce qui concerne les nourrissons, ces raisons sont les suivantes : 1° les enfants se donnent du mal, se fatiguent pour sortir du sein de leur mère ; 2° la section du cordon ombilical entraîne des inflammations ; 3° les enfants sont mis brusquement à l'air alors qu'ils ont vécu longtemps dans un milieu différent ; 4° une fois au monde, l'enfant doit prendre le lait, nourriture bien plus impure que celle qui, jusqu'alors, était la sienne ; 5° les nouveau-nés trouvent des conditions de vie autrement plus rudes que celles qui étaient les leurs avant leur naissance.

possibles pour les médecins qui suivaient Hippocrate, car les deux pouvaient se réclamer d'Hippocrate. L'une, celle qui sera le plus fréquemment utilisée, réfère les maladies des enfants à une periode donnée de l'enfance. Ainsi faisait Hippocrate dans ses *Aphorismes*. Et Vallembert retiendra ses subdivisions :

> Aux enfants nouvellement nés, adviennent communément le mal de bouche que les grecs nomment Aphthae, le vomissement, la toux, faute de sommeil, peur en dormant, inflammation du nombril et humidité d'oreilles.
>
> Et, un peu plus avant de leur âge, lorsqu'ils sont jà grandets, lorsque les dents leur commencent de sortir, comme au septième mois, un peu plus tard, ils ont le prurit et démangeaison des gencives, fièvres, convulsions ou retirement de nerfs et flux de ventre, et mêmement quand les dents canines, qui sont les plus pointues, leur sortent[1].

Il est inutile de poursuivre l'énumération des maladies des enfants. On ne trouve chez Vallembert, on ne trouvera guère autre chose chez nombre de ses successeurs, qu'une reprise des maladies hippocratiques.

C'est d'Hippocrate aussi que se réclame la classification de Mercurialis, mais si Mercurialis retient seules les maladies de l'enfance, l'ordre selon lequel il les dispose est celui que l'hippocratisme assigne aux maladies de l'adulte. Le cadre des maladies de l'adulte est rempli par celles de l'enfant. S'il rompt avec l'ordre chronologique, ce procédé présente évidemment des avantages. Il rend possible une confrontation nosologique permanente de l'enfant et de l'adulte. Les maladies sont réparties en deux catégories : externe et interne. Chacune d'elles se subdivise à son tour car elle peut atteindre le corps tout entier ou ne concerner qu'une partie du corps. Ainsi, pour les maladies externes, les examens concernent le corps tout entier, ce qui n'est pas le cas de l'hydrocéphalie ou de la descente de l'anus. Les fièvres sont des maladies internes qui concernent le corps dans son ensemble, les aphtes ou les calculs ont une portée bien plus limitée. Deux livres rassemblent ainsi trente-sept maladies. Un troisième est consacré au seul cas particulier des vers intes-

1. VALLEMBERT, *loc. cit.*, p. 193.

tinaux. Chaque maladie est successivement définie, décrite, rapportée à des causes, considérée dans ses conséquences. On envisage ensuite son évolution. On propose des remèdes.

En examinant la représentation que Mercurialis se fait des causes des maladies et de leurs remèdes, on se fera une idée des thèmes que développeront, avec des variations finalement assez réduites, la plupart des médecins qui expriment la prétention de guérir les enfants. Nous choisirons le cas des fièvres, maladies internes que nous considérerons dans la mesure où elles affectent le corps tout entier[1]. Leur cause profonde est dans le tempérament des enfants. Tempérament chaud et humide, a dit Hippocrate : Galien a ajouté : et sanguin. Mercurialis ajoute à son tour que le corps des enfants est « très dense »[2]. C'est même cette densité qui empêche la chaleur de s'évacuer librement. Leurs effets ne sont pas fâcheux pour les enfants, car ils sont résistants. Le seul risque que court l'enfant est qu'elles ne deviennent chroniques. C'est pourquoi le médecin devra prendre garde aux fièvres. Si l'enfant fiévreux est à la mamelle, le médecin s'enquerra du genre de vie de la nourrice : il la traitera aussi, la privant de vin, la purgeant éventuellement. Quant à l'enfant, contrairement à ce que dit Rhazès, on ne le soignera pas s'il est âgé de moins d'un mois mais, en prenant certaines précautions, celles qu'a mentionnées Avicenne, on lui posera des sangsues. D'autres remèdes seront également employés pour des enfants plus âgés, par exemple le suc de grenade avec de l'oxymel[3], ou encore la sudation : la sueur ouvrira en effet les pores d'une peau que nous savons dense et resserrée, offrant ainsi une sortie aux vapeurs et aux exhalaisons putrides[4].

1. L. 2. c. 1, *De febre puerorum in genere* ; c. 2 : *de febre synocha.*
2. *Ibid.*, p. 45 v.
3. Vinaigre miellé.
4. Il y aurait beaucoup à dire sur les remèdes de l'époque. En voici quelques exemples. Contre les vers : « donner par en bas des douceurs que les vers aiment et qui les attirent, tels sont les clystères de lait ou de décoctions de raisins passés avec du sucre, ou de décoctions de figues ». ESTMULLER, Opéra, Lyon 1685 ; trad. *Pratique de médecine spéciale ... sur les maladies propres des hommes, des femmes et des petits-enfants*, Lyon 1691, p. 387. « Les crottes de souris ont quelque chose de singulier pour

L'enfant âgé de 7 à 14 ans sera, lui, traité de façon quelque peu différente. La fièvre chronique le guette. Une putréfaction provoque en effet en lui des humeurs épaisses qui causeront des obstructions permanentes. Pour venir à bout de cette fièvre, il faut supprimer ces obstructions. On utilisera purges et lavements. Vallembert, qui n'est pas moins que Mercurialis dans la ligne hippocratique, trouve beaucoup moins que lui l'origine des maladies de l'enfance dans la diathèse enfantine. Il est plus porté, comme d'autres le seront après lui, à poursuivre d'autres causalités. En l'interprétant librement, on pourrait dire que, sur les quatre causes les plus générales qu'on peut assigner aux maladies dont souffre l'enfant, deux ne viennent pas de l'enfant mais de sa mère et de sa nourrice. Les deux autres sont imputables à la poussée des dents et aux excès de toutes sortes auxquels sa nature le pousse[1]. Vallembert sera également plus porté que Mercurialis à laisser faire la Nature[2]. Dans le cas des maladies qui, étant « impétueuses » et « furieuses », ne peuvent attendre, le médecin s'efforcera d'imiter la nature en disciplinant les humeurs déréglées. Les unes seront conservées, d'autres seront expulsées par le moyen de la sueur, ou encore par la purgation et la saignée[3].

Jusqu'au XIXe siècle, répétons-le, la médecine des enfants offrira le spectacle assez affligeant d'ouvrages dont la prétention sera d'ouvrir la voie à une étude jusque-là négligée et qui se borneront finalement à reprendre à leur propre compte des

lâcher le ventre des enfants et c'est être délicat dans l'excès que d'avoir ce remède en horreur. On en met une, deux ou trois crottes dans le lait ou la bouillie, à l'imitation de Rulandus dans son Trésor (l. 3, p. 220), ou bien on en fait macérer huit ou dix dans du lait, on les exprime doucement par un linge et on les donne. C'est un laxatif puissant pour les enfants ». *Ibid.*, p. 491.

1. « Toutes les maladies dessus dites leur adviennent volontiers de trois ou quatre causes en général : dont l'une est la naissance des dents, ainsi comme le dit Hippocrate et. après lui, tous les autres docteurs ; l'autre est leur gloutonnerie et façon déréglée à téter ou à manger et à se mouvoir, et aussi le trop dormir ; la troisième vient ou du ventre de la mère, et est héréditaire, ou de la faute de la sage-femme ; la quatrième est le mauvais lait de la nourrice et aussi le mauvais régime de l'enfant après qu'il est sevré ». *Ibid.*, p. 196

2. *Loc. cit.*, p. 200.

3. *Ibid.*, p. 242-243 ; 258-261.

théories développées par des prédécesseurs. Ce n'est pas à dire, toutefois, que toute originalité soit absente de cette littérature. La confrontation de Vallembert et de Mercurialis, au XVIe siècle, en a déjà fourni la preuve. Après eux une commune référence à Hippocrate n'empêchera pas quelques connaissances, quelques idées nouvelle d'apparaître.

D'abord on découvrira des maladies qu'Hippocrate n'avait pas recensées et auxquelles il faudrait faire une place ; on précisera certains points. Ainsi [1] Tobias Cober note en 1606 la relation entre le typhus et le pou. André de Laurens affirme en 1609 le caractère contagieux de la scrofule. Daniel Sennert en 1626, Sydenham en 1675 décrivent la scarlatine à laquelle ce dernier donne son nom. Bontius découvre le béribéri en 1642. Glisson donne en 1650 du rachitisme ou « maladie anglaise » une description classique. Et Porchon recense en 1698 la rougeole, jusque-là confondue avec la scarlatine. Le XVIIIe ne le cédera en rien au XVIIe pour l'importance de ses travaux. Il a découvert [2] la diphtérie (connue jusque-là sous des noms différents et mal différenciée de l'angine) [3], la pellagre, les oreillons, la méningite tuberculeuse, la sténose du pylore. Félix Würtz, en 1598 [4], indique des moyens de redresser des rachis courbés, de faire marcher droit des boiteux : il évite, en utilisant des troncs d'arbres et des chaises, les dangers que présentent une station debout et une marche prématurées. Au XVIIIe, Andry crée l'orthopédie, qui lui est même redevable de son nom [5].

Il serait donc injuste de méconnaître l'apport nosologique des XVIe, XVIIe, XVIIIe siècles. Mais l'historien soucieux d'apprécier à leur juste valeur les concepts dont usait la médecine infantile de cette période s'attachera surtout à la représentation qu'elle se faisait de l'étiologie et de la thérapeutique des maladies des enfants.

1. Cf. ABT et GARRISON, *loc. cit.*, p. 74 et suiv.
2. *Ibid.*, p. 80.
3. Billard encore, au XIXe siècle, en fera une séquelle de l'angine.
4. *Practica der Wandarztney.*
5. *L'orthopédie, ou l'art de prévenir et de corriger dans les enfants les difformités du corps*, 2 vol., Paris, 1741. Cf. à ce sujet ULMANN, *loc. cit.*, p. 131-133.

De communes conceptions hippocratiques n'ont pas empêché deux courants de se manifester en ce qui concerne les causes des maladies. L'un tente, sans nier la multiplicité des causes des maladies d'enfants, de montrer que l'une d'entre elles est essentielle. L'autre admettra pour les maladies des origines multiples.

Nombreux furent les auteurs qui rattachèrent les maux dont souffrent les enfants à la présence, chez eux, d'acides en trop grande quantité. La cause prochaine des maladies des enfants, dit Ettmuller,

> est un suc acide, vicié, visqueux, aqueux et séreux, venufi des crudités acides par le défaut de la première digestion de la ventricule et de la perfection de la première digestion du duodénum. Appelez ce suc comme il vous plaira, ou pituite acide avec les galénistes, ou tartre acide comme les paracelsistes, c'est toujours la même chose pour moi qui me soucie peu des termes, pourvu qu'on convienne des choses [1].

L'intérêt d'une telle théorie est de rendre raison de toutes les maladies enfantines. A ce titre elle est capable de procurer à la médecine de l'enfance une unité dont celle-ci a besoin et rend possible une thérapeutique efficace. Mais l'acidité n'est qu'une cause prochaine, donc un effet. Elle réclame, à son tour, d'être expliquée à partir de causes plus lointaines. Sur ce point les thèses vont diverger.

Ettmuller incrimine la mauvaise digestion du lait. Cette mauvaise digestion est rapportée, à son tour, au

> défaut de l'estomac de l'enfant ou de celui de la nourrice qui mange des aliments non accoutumés et contraires ou qui se laisse emporter à ses passions [2].

Underwood, en 1784, admettra ta même causalité. Mais il adjoindra un nouveau chaînon à la chaîne des causes et des effets. Il apprit d'Armstrong [1] que les glandes des enfants sont

1. *Loc. cit.*, p. 458.
2. *Ibid.*, p. 365.
1. *An Essay on the Diseases most fatal for Infancy,* 1769. Nous avons en main la trad. allemande : *Versuch von der vorzüglichsten und gefährlichsten Kintderkrankheiten,* Zelle 1769.

proportionnellement beaucoup plus grosses que celles des adultes et sécrètent de façon très abondante[1]. C'est ce qui l'amena à penser que l'acidité n'est pas produite immédiatement par une mauvaise digestion du lait mais par l'intermédiaire de ce que nous appellerions aujourd'hui une hypersécrétion glandulaire. Ainsi expliquera-t-il, par exempte, les aphtes :

> la cause éloignée de cette maladie paraît être l'indigestion occasionnée par de mauvais lait, ou par des aliments malsains, ou par la faiblesse de l'estomac. La cause prochaine peut être rapportée aux sucs âcres et trop déliés dont les glandes de la bouche, de la gorge et de l'estomac sont la sécrétion ; ce qui produit de la chaleur et de l'acrimonie dans ces parties[2].

Des explications contradictoires de cette acidité seront fournies par une physiologie qui distingue mal les causes des effets et qui cessera bientôt de parler le langage humoriste[3]. Parmi ceux qui s'efforcent d'expliquer cette acidité, Harris occupe une attitude originale en la rapportant à la nature de l'enfant.

L'humidité qui caractérise les enfants est, tout compte fait, la cause unique de leurs maladies[4]. C'est elle qui produit l'aigreur. Ainsi, dit Harris, pensait déjà Hippocrate. Car il a tout à la fois affirmé chez l'enfant un excès d'humidité et rapporté la santé à un équilibre de qualités telles que « l'amer, le salé, le

1. UNDERWOOD, *loc. cit.*, p. 9-10.
2. *Ibid.*, p. 56-57.
3. Cf. RAULIN, *De la conservation des enfants*, 2 tomes en 3 volumes, Paris, 1768 : « Les acides dans les premières voies des enfants sont les causes les plus générales et les plus familières de leurs maladies selon les observations de Silvius, d'Hoffmann, de Harris, de Sydendham. On sait que, lorsqu'ils y sont en trop grande quantité, ils en rendent irrégulier le mouvement péristaltique, le renversent surtout par leur qualité irritante et en troublent les fonctions. N'en voit-on pas des exemples sensibles chez les enfants qui souffrent des inquiétudes générales, de vives douleurs de dents, d'entrailles, etc. ? Le lait et tous les aliments ne pouvant pas être digérés s'aigrissent alors dans les premières voies, se coagulent et donnent occasion à la plus grande partie de leurs maladies et. entre autres, à celles qui intéressent le genre nerveux » (vol. 3, p. 287-288).
4. HARRIS, Traité des maladies aiguës des enfants (en latin), 1689, trad. fr. par Devaux, 1730, p. 5-6.

doux, l'acide, l'acerbe, l'insipide et mille autres qualités»[1]. C'est l'excès de chaleur qui produit un excès d'acidité et dérègle ainsi les fonctions enfantines.

Un effort est donc fourni par certains médecins pour systématiser, en unifiant leur étiologie, les maladies enfantines. Mais cet effort n'est jamais poussé à la limite par ceux qui le tentent. Underwood admet, outre la cause la plus générale de ces maladies, qui est l'acidité, quatre «causes ordinaires»[2] et «plusieurs causes accidentelles résultant des écarts ou des erreurs dans l'usage des choses non naturelles, comme on a voulu les appeler»[3]. Harris lui-même, si systématique, ne se contente pas d'attribuer à l'excès d'humidité de l'enfance la responsabilité de ses maux. Il incrimine encore, avec l'hérédité et les dérèglements des parents[4], quatre «causes proches». – On pense bien que s'accumuleront les causes, et les plus différentes, chez ceux des médecins dont le souci n'est pas de réduire ces causes à l'unité. Tel sera le cas, par exemple, de Rosen von Rosenstein[5] et de nombre de médecins plus soucieux de décrire l'expérience que d'en faire la théorie.

Tandis que l'étiologie, tout en demeurant compatible avec l'hippocratisme, se trouve orientée tantôt vers la poursuite de l'unité des causes et tantôt vers la recherche de leur indéfinie multiplicité, la thérapeutique de disciples plus ou moins fidèles à Hippocrate se fait aussi en deux directions. Les uns vont retenir de l'hippocratisme la confiance en la nature, qui trouve facilement son origine, pour des chrétiens, dans la Providence divine et est, mieux que nulle part, visible dans l'enfance[6]. Ils

1. *Ibid.*, p. 40.
2. UNDERWOOD, *loc. cit.*, p. 9-11.
3. *Ibid.*, p- 11-12.
4. HARRIS, *loc. cit.*, p. 14-19.
5. ROSEN VON ROSENSTEIN, *Underrätelser om barn sjukdomar...*, 1764, trad. fr. par Lefebvre de Villebrune : *Traité des maladies des enfants*, 1768, cf. par exemple la recherche des causes de l'hydrocéphalie, p. 487-91.
6. Il est vrai que les intentions de Dieu ne sont pas toujours les mêmes. RAULIN pense qu'à la différence des animaux les enfants ne peuvent se tirer d'affaire eux-mêmes. Telle est la volonté d'une Providence soucieuse d'animer la tendresse des pères en faveur de ces fruits précieux de leurs entrailles» (*loc. cit.*, préface, p. XXVII). Pour DESESSARTZ, au contraire, «la bonté et la sagesse du Créateur dans la disposition des organes et autres

seront conduits, par une pente nécessaire à laquelle l'hippocratisme résiste mal, même dans des domaines très différents de la médecine infantile, à refuser l'aide de l'art. Mais la médecine ne peut être répudiée qu'à la condition que soient supprimés les facteurs qui entravent le déroulement des opérations naturelles et provoquent ainsi la maladie. De tels facteurs ne peuvent consister qu'en l'inobservance de règles morales ou de préceptes d'hygiène. Selon Raulin les maladies de la grossesse sont dues à ce que les femmes se sont laissé aller à leurs passions[1] et celles de l'enfance trouvent leur origine dans les excès de tous ordres des parents et des nourrices[2]. Hufeland explique les maladies des enfants par l'oubli des prescriptions de la nature. Qu'on lave les enfants tous les matins à l'eau froide : « les trois quarts des maladies nous sont communiquées par la peau »[3]. On fortifiera ainsi la « faculté vitale »[4], on aidera l'organisme, qui fait sa crise, à évacuer ses « matières de maladie »[5] de l'intérieur vers l'extérieur; la médecine actuelle fait le contraire, pense Hufeland : elle chasse tous les éléments morbides vers le dedans et se trouve réduite, pour les éliminer, à agir sur les « premières voies » qu'elle irrite, elle « détermine la nature à opérer sa crise par le canal des intestins »[6]. Qu'on donne aux enfants des bains tièdes quotidiens. Qu'on assure leur propreté. Qu'on se rappelle que leur destinée est de vivre au grand air, de prendre un « bain d'air »[7]. Qu'on respecte, en un mot, « les droits de la nature et de l'enfance ». En l'absence de maladies, la médecine deviendra promptement inutile.

parties du corps de l'enfant nouveau-né sont une leçon frappante qui nous avertit que nous ne pouvons prendre trop de précautions pour les défendre de tout ce qui peut troubler la structure et la disposition naturelle de leurs solides ». *Traité de l'éducation corporelle des enfants en bas âge*, Paris, 1760, p. 69).

1. *Loc. cit.*, vol. Z, p. 373.

2. *Ibid.*, vol. 3, p. 373.

3. *Avis aux mères sur les points les plus importants de l'éducation physique des enfants dans les premières années*, 1794 : trad. fr. Francfort, 1800, p. 16-17.

4. *Ibid.*, p. 18

5. *Ibid.* p. 19.

6. *Ibid.* p. 21.

7. *Ibid.*, p. 30.

Ceux des médecins de l'enfance qui finalisent le plus la Nature ne peuvent que tendre à supprimer la thérapeutique au profit de l'hygiène. C'est à cette limite qu'aboutissent Cadogan et Ballexserd. – Les enfants, pense Cadogan, ne sont pas plus fragiles que les adultes.

> On remarque, au contraire, qu'ils supportent infiniment mieux la douleur et la maladie, surtout les fièvres... et cela pour la même raison qui fait qu'un arbrisseau résiste mieux à l'orage qu'un chêne [1].

> A-t-on jamais vu mourir un agneau, un oiseau, un arbre pour avoir été trop jeunes ! Ces productions sont sous la conduite de la nature qui n'erre jamais et elles croissent sous ses lois [2].

Pour éviter aux enfants une mauvaise éducation, véritable origine de toutes leurs maladies, il faut laisser faire la nature [3]. On a rarement poussé si loin la confiance en la nature, laissé à ce point l'enfance elle-même décider de ses besoins, proclamé avec la même confiance la possibilité pour toutes les maladies sans exception de disparaître grâce à une vie sage [4]. Pour Ballexserd, les quatre causes principales de la mort des enfants en bas âge, « la débilité héréditaire ou acquise de nos père et mère », l'usage des nourrices, la pratique de l'emmaillotement des enfants et le sevrage prématuré [5] peuvent être supprimés par le concours d'une hygiène et d'une morale également naturelles. La plupart des maladies sont autant

> [d']incommodités officieuses qui, la plupart, veulent être abandonnées à elles-mêmes comme autant de voies qu'une nature débile ou contrariée s'est pratiquée avec succès pour

1. *Loc. cit.* p. 328.
2. *Ibid.*, p. 329.
3. *Ibid.*, p. 336-337.
4. *Ibid.*, p. 349-350.
5. BALLEXSERD, *Dissertation sur cette question : quelles sont les causes principales de la mort d'un aussi grand nombre d'enfants et quels sont les préservatifs les plus efficaces et les plus simples pour leur conserver la vie ?* (couronné en 1772 par l'Académie de Mantoue), Genève 1775, p. 2. – Sur Ballexserd, cf. ULMANN, *loc. cit.*, p. 141-145.

> dépurer la masse du sang et délivrer le corps d'un amas de crudités dangereuses ou inutiles[1].

Il y a des maladies sérieuses. Mais le médecin qui soignera les enfants doit veiller :

> les secours étrangers à la nature, les médicaments véhéments, les drogues tumultueuses qu'elle ne peut dompter ni assimiler en quelque manière avec leurs humeurs produisent en eux des changements analogues à ceux des poisons »[2].

Tous les médecins des enfants qui se sont réclamés d'Hippocrate ne souhaitent pas la mort de la médecine. Si l'une des tendances de l'hippocratisme le pousse à laisser faire la nature, il est certain qu'une autre le porte à intervenir. Cette orientation n'est pas moins fréquente, tant s'en faut, dans la médecine infantile du XVIe au XVIIIe siècle. On a même souvent le sentiment, à parcourir les livres de cette époque, que la référence à la nature est quelque peu délaissée au profil de l'art. Peu de choses rappellent cette idée maîtresse qu'il faut lâcher la bride à la nature ou l'imiter. Quelques notions, peut-être, de temps à autre – mais faut-il se recommander d'Hippocrate pour parler de la nature ? Ou encore un vocabulaire, l'appel fait aux explications hippocratiques par les humeurs. Certains reconnaissent n'être disciples d'Hippocrate que dans la mesure où la raison les y pousse[3]. D'autres, dédaigneux de toute proclamation, s'emploient à éprouver des médications. Ainsi Rosen von Rosenstein. Il est élève de Boerhaave. Celui-ci n'est sans doute pas un disciple orthodoxe d'Hippocrate puisqu'il double l'explication humoriste d'Hippocrate d'une explication mécanique, plus essentielle[4]. Encore est-il que ceux de ses aphorismes qu'il a consa-

1. *Ibid.*, p. 101.
2. *Ibid*, p. 103.
3. Cf. Claude GUERIN, *Méthode d'élever les enfants selon les règles de la médecine*. Paris, 1675 : « J'ai suivi les Anciens autant que je l'ai pu et ne m'en suis éloigné que quand Je m'y suis senti obligé par la raison qui doit être notre guide et que nous devons suivre préférablement à l'antiquité, puisque c'est elle qui nous fait discerner le vrai d'avec le faux et qui nous garantit de l'erreur » (*Au lecteur*, non paginé). Cette proclamation n'empêche pas Guérin, dont le livre est d'ailleurs faible, d'accueillir tous les poncifs.
4. Cf. DAREMBERG, *Histoire des sciences médicales,* 1870, p. 889-903 et plus particulièrement p. 899.

crés à l'enfance le montrent attaché à prendre la nature pour guide[1]. Hippocratiste des plus libres, tel est, de même, Rosen. Son souci n'est pas de se mettre à la remorque des Anciens. Il se veut à l'école de l'expérience. C'est un chercheur[2].

L'hippocratisme présente donc comme des positions limites. On fait confiance à la nature ou on lui accorde le moins possible. Il a connu aussi des attitudes plus synthétiques. Par exemple celle d'Underwood. Ce médecin, qui cite et invoque les Anciens que, visiblement, il connaît, conserve les idées maîtresses et les cadres de l'hippocratisme. Il a foi en la nature; la distinction, hippocratique puis galénique, des choses naturelles et de celles qui ne le sont pas lui fournit l'occasion de classer les préceptes qu'il formule pour l'hygiène des nouveau-nés. Mais l'auteur procède aussi à un recensement très minutieux des maladies de l'enfance, recherche leurs causes, prescrit des remèdes. L'hippocratisme, ici, perd de sa cohérence; mais il gagne en efficacité. Si l'on néglige de pousser la doctrine sur le terrain des principes, qu'elle ne recherche visiblement pas, pour lui demander de les accorder dans la pratique, alors même qu'ils peuvent sembler opposés, on trouvera dans le *Traité* d'Underwood un des plus beaux fruits de l'hippocratisme vieillissant et mûri, et comme sa contradictoire sagesse. On suit la nature, ou on la laisse faire parce qu'elle est bonne; on vient à son secours parce qu'il est dangereux de l'abandonner à elle-même.

IV

Ce sera le sort de l'hippocratisme de ne jamais disparaître tout à fait. La médecine n'a jamais rejeté – et, sans doute ne le

1. Cf. *Traité des maladies des enfants, traduit du latin des aphorismes de Boerhaave, commentés par M. le Baron Van Swieten* (1743), traduit par M. Paul, médecin, Avignon, 1759 : «dès que les médecins dédaignent de prendre la nature pour guide, ils s'égarent presque toujours», p. 37.

2. Cf. Suzanne KRISTALY-KANYA : *Nils Rosen von Rosenstein und seine «Anweisung zur Kenntnis und Kur der Kinderkrankheiten»* Zürich, 1965, p. 48.

peut-elle pas – cette idée que la santé est un équilibre : elle ne saurait davantage contester que la nature, qui guide les animaux, ne restaure en bien des cas la santé lorsqu'elle chancelle. Mais l'hippocratisme a connu, au XVIIe et surtout au XVIIIe, une crise dont il n'est pas sorti intact.

La doctrine d'Hippocrate s'est trouvée, à tort ou à raison, liée, au cours de l'histoire de la médecine, à une théorie des humeurs. Si des humeurs différentes trouvent à s'équilibrer, c'est la santé. Mais que l'une d'entre elles l'emporte et prédomine sur les autres, la santé sera altérée jusqu'au moment où la nature et l'art sauront rétablir de justes rapports. La médecine des enfants, lorsqu'elle est d'inspiration hippocratique, ne peut qu'adopter une telle théorie physiologique et nosologique. Or les bases de cette théorie vont disparaître.

L'humorisme entraînait une sorte de disqualification des parties solides du corps humain. Elles proviennent, en effet, des humeurs et restent sous la régulation de ces humeurs. Le mécanisme, en triomphant, au XVIIe siècle, entraîne un changement de perspectives, on dirait presque de valeurs. Le monde physique est constitué d'éléments solides qui, eux-mêmes, s'expliquent à partir de l'espace et du mouvement. Le corps vivant, selon le mécanisme, n'est pas différent en essence des corps physiques. La vie ne fait aucunement appel à l'intervention d'une mystérieuse force vitale. Le vivant est une mécanique. Dieu en a ajusté les rouages les uns aux autres. Le poumon, le cœur fonctionnent exactement à la manière des soufflets de forge ou des pompes aspirantes et foulantes. Os et muscles ne diffèrent pas des leviers. Rapidement les « fibres » remplaceront, dans le langage courant des médecins, les humeurs d'Hippocrate et de Galien.

Du même coup sont appelées à s'effacer des représentations de la santé et de la maladie qui s'étaient maintenues durant des siècles sans être contestées. Puisque les humeurs, sans être rejetées, ne jouent qu'un rôle subalterne, la santé ne peut être définie comme leur équilibre, et la maladie cesse d'être l'impossibilité ou la rupture d'un tel équilibre. Simultanément la médecine perd la règle d'or de la santé, véritable étalon du bien-porter.

L'abandon de l'humorisme eut, en médecine, des conséquences importantes. Il bouleversa la physiologie. Il bouleversa aussi la thérapeutique en conduisant le médecin à agir sur des solides et non plus seulement sur des fluides. Comme la médecine des adultes, celle des enfants ne pouvait donc que subir les répercussions d'une telle crise. Mais elle était encore plus concernée et touchée que la médecine des adultes. L'adulte pouvait cesser d'être défini par un équilibre des humeurs. Il ne s'agissait jamais que de formuler en une autre langue une théorie de la santé. Cela n'était pas simple, soit. Mais l'adulte était certain de rester confondu avec une sorte de perfection organique, quel que fût le langage dans lequel une telle perfection devait être exprimée. Au contraire la disparition de l'humorisme présentait, pour la caractérisation de l'enfance, de plus graves conséquences. Elle interdisait de définir l'enfance par sa chaleur excessive. Sans doute une telle formule de l'enfance n'avait guère de répondant en l'expérience. Elle n'offrait guère qu'un moyen très théorique pour comparer l'enfant et l'adulte. Mais elle confirmait l'opinion courante qui tenait l'enfance pour une période inférieure et méprisable de la vie humaine. Son rejet pouvait donc entraîner un changement complet de point de vue sur la nature de l'enfance, et même des répercussions d'ordre moral. On pouvait mettre à profit l'abandon de théories physiologiques, auxquelles le statut physique et moral de l'enfance se trouvait lié, pour le transformer. Cette conséquence n'était évidemment pas nécessaire. L'enfant pouvait aussi demeurer un être inférieur. Mais la médecine devenait susceptible de recevoir le contre-coup d'un changement d'opinion que le XVIIIe siècle a connu à l'égard de l'enfance. Rien ne l'empêchait d'agencer des modèles mécaniques pour leur permettre d'expliquer que, tout en étant autre que celle de l'adulte, la mécanique enfantine n'était pas moins bien réglée.

Cependant, si gênant que fût pour lui le solidisme, l'hippocratisme n'était pas touché dans ses œuvres vives. Il s'était trompé en définissant les moyens d'action de la nature, soit. Mais il avait raison de croire en la toute-puissance bienfaisante de cette nature, de la finaliser à l'extrême. En un sens même, le solidisme, qui paraissait constituer un préjudice pour l'hippocratisme, le renforçait. Il rendait plus nécessaire encore l'intervention de la nature. Si la santé n'est pas équilibre des humeurs, elle ne peut qu'être cet optimum que l'esprit humain est incapable de définir en termes précis mais que la nature connaît bien. La nature n'est pas moins admirable si elle a vocation de fabriquer des machines que si, en dosant, elle assume les fonctions du chimiste.

Le triomphe du solidisme et de l'iatromécanisme ne portait donc en aucune façon ombrage à la théorie hippocratique de la nature. Nombreux les solidistes, tels Hoffmann, Boerhaave et Hufeland, qui s'expriment en véritables hippocratistes. Le succès de l'iatrochimisme, s'il s'était produit, n'aurait pas davantage tourné au préjudice du naturalisme hippocratique : les théories de Van Helmont le montrent bien. Il n'empêche que, amputé de son humorisme, l'hippocratisme se trouvait réduit à la confiance que le médecin professe en la nature, à son désir de s'effacer pour la laisser agir, à son dessein de conformer son intervention propre à la démarche de la nature.

Or cet aspect de l'hippocratisme, sûrement le plus essentiel, va se trouver contesté dans le domaine même où il apparaît le plus convaincant, celui de la médecine infantile. Sans doute l'attitude hippocratique à l'égard de l'intervention médicale, autrement dit de la médecine, avait-elle toujours été ambiguë et fragile. Si la nature est finalisée de part en part, pourquoi le médecin ? L'existence de la médecine hippocratique semble témoigner contre les principes hippocratiques. Une telle difficulté, cependant, ne pesa pas trop tant que la maladie demeura le seul exemple des ratés de la nature. Des considérations diverses pouvaient être invoquées pour en fournir l'explication. Mais la médecine des enfants allait s'aviser que la nature peut, en l'absence de la maladie, donner l'exemple d'entorses autrement importantes à la finalité.

Le débat se produisit à propos de l'allaitement maternel.

Il semble que, dans l'Antiquité, l'allaitement maternel ait été pratiqué en tous pays, à l'exception de l'Egypte.

> Chez les Grecs déjà, du temps d'Homère, on confiait les enfants aux nourrices mais ces femmes ne devaient leur

donner que des soins matériels. Chez les Athéniens, d'après Démosthène, une femme était notée d'infamie pour allaiter l'enfant d'une autre, à moins d'y être obligée par une pauvreté extrême[1].

La loi de Lycurgue obligeait les mères spartiates à allaiter et les honorait. A Rome les mères qui nourrissaient avaient une déesse, Rumia (ou Rumina). Peu à peu, cependant, les riches patriciens prirent l'habitude de faire nourrir les enfants par une esclave qu'ils achetaient. Les plébéiennes se contentaient de louer une nourrice. Dans le Forum olitorium se tenait un marché pour les femmes qui vendaient leur lait. Elles se plaçaient près de la Colonne lactaire. Des récipients retrouvés à Pompéi donnent à croire que certains enfants romains étaient nourris artificiellement.

L'époque chrétienne vit se répandre l'allaitement par les nourrices. A telle enseigne qu'au XVIIIe siècle l'allaitement maternel est peu pratiqué.

> Si les femmes de la campagne continuent à nourrir leurs enfants, celles de la ville, surtout dans les classes aisées, se soustraient en général à cette obligation. Les indications contraires que l'on trouve dans les textes du temps ne partent que sur des exceptions très limitées[2].

L'emploi des nourrices n'est pas seulement général en France ; il est répandu dans toute l'Europe[3]. A Paris il donne lieu à toute une organisation. Les nourrices venaient de la campagne et des « meneurs » les conduisaient en ville.

> On les groupait et on les entassait dans des charrettes qui les amenaient jusqu'à la capitale d'où elles étaient ensuite évacuées sur leur village quand elles avaient trouvé un nourrisson. A Paris elles étaient accueillies gratuitement à l'Hôpital Sainte-Catherine que dirigeaient les Catherinettes, mais il existait aussi des bureaux de placement dirigés par

1. AUVARD et PINGAT, *Hygiène infantile ancienne et moderne,* Paris, 1889, p. 60
2. MERCIER, *L'enfant dans la société du XVIIIe siècle* (avant l'*Emile*), Dakar, 1960, p. 30-31.
3. *Ibid.*, p. 31.

des «recommanderesses» qui mettaient en rapport les familles et les nourrices[1].

Une réglementation assez stricte fut ensuite établie : il s'agissait d'empêcher les substitutions d'enfants, d'obliger les nourrices à donner des nouvelles de leurs nourrissons, de fixer les gages des nourrices et d'assurer leur versement, d'astreindre les nourrices à l'observation de règles d'hygiène[2].

En même temps que le recours à des nourrices mercenaires, la pratique de l'allaitement artificiel se répand également. Il est utilisé par les Romains puis par les gallo-romains[3]. Le XVIe siècle le perfectionne[4], entre autres Ambroise Paré.

La mère doit-elle allaiter son enfant? La question, s'est posée de très bonne heure. Plutarque[5], Juvénal[6], Favorinus d'Arles[7], Erasme[8] s'opposent à l'allaitement mercenaire. Nombre de médecins se saisiront du problème. Galien, Avicenne, déjà, pensent que l'enfant doit être nourri par sa mère. Au XVIe siècle, Vallembert, dès le début de son livre[9] examine «qui sont les causes pourquoi on laisse la mère pour prendre une nourrice». Laurent Joubert[10], Huarte[11] et, bien entendu, les auteurs de traités consacrés aux enfants en font

1. BARRAUD, *La puériculture éternelle*, Paris, 1941, p. 151-152.
2. Sur tous ces points, MERCIER, *loc. cit.*, p. 32-36.
3. AUVARD et PINGAT, *loc. cit.*, p. 63.
4. « Vers la fin du XVIe siècle, on affectionna le biberon. A l'extrémité du conduit qui devait apporter le lait dans la bouche du bébé, on adapta une tétine, c'est-à-dire un appareil simulant un bout de sein... On se servait soit d'un mamelon de vache, soit d'une peau fine percée de petits trous. Au dire de Rosen, ce serait en Suède que l'on aurait commencé à imaginer ce système », *ibid.*, p. 68. Cf. aussi MERCIER, *loc. cit* , p. 36.
5. *Œuvres morales et mêlées*, trad. Amyot, Paris, 1581, *Comment il faut nourrir les enfants*, ff. 1-8. *De l'amour et charité naturelle des pères et mères envers leurs enfants*, ff. 100-103.
6. Cf. J. VON BOKAY, *Die Geschichte der Kinderheilkunde*, Berlin, Springer, 1922, p. 6.
7. *In* Aulu-Gelle, *Nuits attiques*, 1, 12 (au début) : «Discours du philosophe Favorinus pour conseiller à une noble matrone de nourrir ses propres enfants sans recourir à des nourrices, avec son lait à elle ».
8. Colloques in *De pueris*, Klincksieck, 1989, p. 111 sq.
9. *Loc. cit.*, p. 2.
10. *Erreurs populaires*, 1578. cf. MERCIER, p. 16.
11. *L'examen des esprits pour les sciences*, cf. MERCIER, p. 17.

autant. Citer des noms devient, à partir d'une certaine date, inutile tant le débat se généralise. Tous y participent : des pédagogues comme Coménius[1], des prêtres, le grand public.

A vrai dire les arguments se renouvellent peu du XVIe au XVIIIe et, qu'il soit présenté ou non par des médecins hippocratistes, le plaidoyer en faveur de l'allaitement maternel ne varie guère. Il est normal que des médecins invoquent d'abord la qualité de la nature. La poitrine de la mère a pour fonction d'allaiter : anatomie et physiologie s'accordent sur ce point[2].

Le lait vient du sang[3], il prolonge donc l'alimentation que l'enfant a reçue dans le sein de sa mère et il est toujours adapté à l'âge de l'enfant. L'allaitement maternel est aussi toujours donné comme le meilleur préventif de toutes les maladies : cette opinion se renforcera de raisons beaucoup plus solides à partir du moment où la mauvaise qualité du lait passera pour cause majeure d'acidité et se verra imputer la responsabilité de la quasi totalité des maladies de l'enfance[4]. Les justifications morales qui s'ajoutent aux arguments proprement médicaux sont de celles qui n'ont jamais laissé insensibles les disciples d'Hippocrate. Les mauvaises mœurs de la mère peuvent seules expliquer qu'elle se défasse de son enfant pour le confier à des mains mercenaires[1]. Les nourrices sont pourvues de tous les

1. Cf. MERCIER, p. 17.

2. Par exemple : « ...est-ce en vain et sans une raison pressante ou seulement pour les orner que les femmes ont des mamelles qui se remplissent de lait après l'enfantement comme celles des bêtes terrestres et même de quelques aquatiques ? Non. la nature nous montre par là comme au doigt de quoi il faut nourrir les enfants, les oiseaux n'ayant point de mamelles avalent les graines », ETTMULLER, *loc. cit.*, p. 447.

3. *Qualis est sanguis, tale est lac* : une des maximes placées par Omnibonus Ferrarius à la fin de son ouvrage pour le résumer (*loc. cit.*, I, 19).

4. « C'est dans les nourrices empruntées que réside la cause primordiale de la plupart des maladies aiguës dont les enfants du premier âge sont si souvent atteints et renversés », BALLEXSERD, *loc. cit.*, p. 30.

1. Cf. VALLEMBERT : elle « ne peut porter la senteur des ordures qui sortent de l'enfant, ni le cri et les pleurs, ni les veilles nécessaires à l'entour de lui, ni l'abstinence de coucher avec l'homme, ni la grosseur des mamelles augmentées et pendantes et baveuses de lait, aimant mieux avoir le corps menu, le sein beau, les tétins fermes, ronds et polis », *loc. cit.*, p. 4.

vices : la cupidité, la malhonnêteté, par exemple. Leur lait ne peut que les transmettre à l'enfant qu'elles allaitent[1].

Dans ces discussions, les médecins hippocratistes marquent assurément des points. Leur position est solide. Mais force leur est toutefois de faire des concessions à l'adversaire. Il est des cas où la nature n'a pas pourvu une jeune mère de lait. Il arrive que le lait de la mère ne convienne pas à l'enfant, voire lui soit préjudiciable et provoque même sa perte. En certaines circonstances, par conséquent, l'enfant doit être confié à une nourrice. Les plus déterminés partisans de l'allaitement maternel devront admettre des exceptions. Mais accorder que la nature se fourvoie, n'est ce pas admettre aussi que l'homme est amené à la juger ? Si, en dehors de toute maladie, on doit déplorer les bévues de la nature, comment continuer à lui faire confiance sans être effleuré par le moindre doute ?

Mais cette foi en la nature va connaître d'autres assauts. Qu'on tienne exclusivement pour l'allaitement maternel ou qu'on autorise l'allaitement mercenaire, il n'est pas sûr que la solution de ce débat mette en cause jusqu'aux racines de l'hippocratisme. La doctrine serait bien autrement compromise s'il s'avérait que, contrairement aux enseignements de la nature, le lait, sous quelque forme que ce soit, doive être supprimé à l'enfant. Gallego de la Sema a commencé, assez timidement, par récuser l'allaitement maternel. Pour lui,

> le lait doit corriger l'influence exercée par la mère sur son enfant pendant la grossesse. II est donc plus sûr de renoncer au lait maternel dès la naissance et de prendre une nourrice ou de nourrir l'enfant au lait de chèvre[2].

L'idée commence ainsi à poindre que le tempérament et le caractère de l'enfant ne sont pas prédéterminés, non plus que ses aptitudes intellectuelles ni ses dispositions morales. L'éducation peut les modifier. Cette opinion sera formulée nettement par

1. Cf. par exempte : Claude GUERIN : « si celle qui nourrit son enfant et lui fait sucer avec le lait les principes de la vertu est une véritable mère, celle qui lui refuse ces avantages est une marâtre ». *Loc. cit.*, p. 25. Sur la généralité de ce point de vue, cf. MERCIER, *loc. cit.*, pp. 82-84.

2. MERCIER, *loc. cit.*, p. 18-19.

Van Helmont[1]. Qu'elle soit liée à un désir profond de transformer l'homme, c'est ce que révèle le titre que Vandermonde donne à un livre dans lequel il développe, en se recommandant de Van Helmont, les idées du médecin hollandais : ce ne peut être pour lui qu'un *Essai sur la manière de perfectionner l'espèce humaine*[2]. Brouzet, à peu près à la même époque, développait en toute netteté des thèmes analogues. Les enfants sont caractérisés, selon lui, par une sorte d'« indétermination » de la nature[3]. Ils sont à ce point malléables que « les causes externes, tant physiques que morales » sont appelées à les modeler. Ainsi

> qu'un enfant bien constitué à sa naissance puisse devenir faible et valétudinaire par la négligeance des personnes auxquelles il est confié, que son corps puisse contracter plusieurs vices extérieurs par la même inattention : et qu'au contraire un enfant de la santé la plus délicate puisse échapper aux dangers de l'enfance et devenir fort et robuste par des soins bien entendus, personne ne saurait raisonnablement en douter »[4].

L'âme n'échappe pas non plus à l'empreinte de l'éducation :

> c'est presque un proverbe reçu que le cerveau tendre de Newton ou d'Alexandre altéré dans leur enfance par une faible compression ou une commotion légère aurait pu faire du premier un stupide et du second un roi sage[5].

La médecine est toute-puissante. Elle constitue un des facteurs de l'éducation. Aussi convient-il de parler d'une « éducation médicinale ».

Cette thèse ralliera nombre de partisans. Accordée aux théories régnantes sur le progrès humain, ou encore s'accompagnant de l'idée que l'enfance est une maladie[6], on la retrouvera chez

1. *Infantis nutritio ad vitam longam in Ortus medicinae,* 1648, 2e édit., Amsterdam, 1652.

2. 2 vol., 1756.

3. *Loc. cit.*, Préface, p. VIII.

4. *Loc. cit.* I, p. IX-X.

5. *Ibid.*, p. X-XI.

6. La thèse de l'indétermination de la nature est évidemment différente de l'idée que l'enfance est une maladie. Mais elles impliquent toutes deux une

tous ceux qui ont foi en l'homme. A la fin du siècle, Verdier ouvrira une école et tentera une modification effective de l'homme physique [1].

On conçoit que Van Helmont, d'abord, ses partisans ensuite, qui n'accordaient à la nature qu'un pouvoir limité, ou, plus exactement, qui pensaient que la nature de l'enfant ne sera finalement que ce que des causalités extérieures à elle feront d'elle, aient songé à remplacer le lait par une bouillie. La bouillie présente des avantages que le lait n'offre pas : elle évite à l'enfant les maladies que le lait risque de lui occasionner. Elle permet d'éviter, comme dit Brouzet, qu'avec le lait les enfants ne sucent les vices du siècle. – On ne saurait s'imaginer combien le problème de la bouillie fut débattu au XVIIIe siècle. Sur ce point encore l'hippocratisme ne pouvait qu'affirmer ses positions. Les partisans d'Hippocrate ou ceux qui, sans se réclamer d'Hippocrate ni, peut-être, le connaître, ne laissent pas de se faire quelque opinion de ce qui est dû à la nature ne se lassèrent jamais de dénoncer les méfaits de la bouillie [2]. Elle contient, selon eux, beaucoup d'air, donc gonfle l'estomac ; elle est farineuse, donc elle le fatigue. L'enfant ne doit pas manger de bouillie avant l'âge du sevrage, fixé généralement entre 15 et 18 mois. Sous aucun prétexte il ne faut lui en donner avant le huitième mois.

La querelle qui s'institue autour de la bouillie est particulièrement importante parce qu'elle dépasse en portée celle qui avait pour objet l'allaitement maternel. Elle comporte une double signification. Elle montre d'abord que des médecins non hippocratistes vont, au même titre que les disciples d'Hippocrate, se réclamer de la nature mais en se la représentant de façon toute différente, toute nouvelle. Leurs préoccupations empiriques, leur attachement au progrès humain les porteront à voir en la nature un pouvoir indéterminé. L'homme, ici l'éducateur, fait la nature. – Mais il apparaîtra aussi qu'une divergence profonde séparera les uns des autres des médecins

même position : il n'y a pas de nature finalisée, telle qu'on puisse considérer que l'enfant est sous sa sauvegarde.

1. Cf. ULMANN, *loc. cit.*, 240-246.

2. Cf. par exemple, DESESSARTZ, *loc. cit.*, p. 254-268.

d'obédience plus classique. La nature interdit, selon les uns, que l'enfant soit nourri à la bouillie : nulle exception n'est faite. D'autres, qui ne sont sans doute pas moins hippocratistes, manifestent une attitude moins rigoureuse. Raulin, par exemple, après avoir fait[1] un sombre tableau des « inconvénients dont les enfants sont menacés par l'usage de la bouillie », reconnaît aussi que « l'usage du lait les expose à un plus grand nombre d'accidents, j'ose dire à de plus dangereux ». D'où l'attitude adoptée : si la mère le peut, qu'elle nourrisse ses enfants ; sinon qu'elle prenne une nourrice ; à défaut elle est autorisée à « les nourrir avec le lait d'animaux brutes ». A défaut encore « une nourriture sans lait est son unique ressource ».

Il n'est pas douteux que l'hippocratisme ait subi au XVIIIe siècle une forte crise. Dès lors que se trouve refusée la théorie des humeurs à laquelle il se trouve lié depuis des siècles, sa vision physiologique du corps est refusée par la médecine. Qu'elle parle de santé ou de maladie, elle ne peut se référer à un état d'équilibre entre des humeurs. Pathologie, thérapeutique cessent de pouvoir se formuler dans les termes qui étaient jusqu'alors les leurs.

De surcroît, il devient de plus en plus difficile de se confier à la nature. Non plus seulement en raison de cette évidence commune que si la nature n'engendrait pas de maladies la médecine serait inutile. Mais parce qu'un examen plus attentif de la nature, effectué pour déterminer quelle est l'alimentation qui convient aux êtres les plus proches qui soient de la nature, les nourrissons, révèle que, lorsque l'alimentation naturelle est possible, elle n'est pas toujours favorable à l'enfant. S'il faut être, tels Brouzet ou Vandermonde, un adversaire d'Hippocrate pour nier la finalité de la nature, certains hippocratistes, commencent sinon à s'associer à une telle négation, au moins à agir comme s'il appartenait au médecin de régler la nature.

La médecine des enfants est inévitablement touchée par la crise de l'hippocratisme. Elle n'en éprouve pas seulement les mêmes dommages que la médecine des adultes. Elle ne peut pas ne pas ressentir des inconvénients propres. L'hippocratisme

1. *Loc. cit.*, vol. 3, p. 359-360.

avait légué deux images de l'enfance. L'enfance pouvait être tenue, en raison de son tempérament mal équilibré, pour la démesure. Mais l'enfant pouvait aussi manifester, mieux que l'adulte, aussi bien que les animaux, le dynamisme finalisé, organisateur et réparateur, d'une nature qui n'a pas besoin, pour agir au mieux, de la réflexion des hommes. Jusqu'au XVIIIe siècle, l'hippocratisme s'était accommodé de deux attitudes qui, après tout, peuvent se réclamer simultanément de l'expérience et dont il est difficile de sacrifier l'une. Il ne synthétisait pas ; il juxtaposait. A présent tes deux images de l'enfant se sont considérablement disjointes.

L'hippocratisme est pressé de toute part. On le somme de prendre position. La nature hippocratique, dessinée autrefois par un médecin qui était aussi philosophe, a subi depuis lors une élaboration à laquelle les médecins même, en exposant au grand jour leurs difficultés et leurs problèmes, ont participé.

Ou il faut laisser faire la nature ; la thérapeutique est alors oblitérée par l'hygiène, la médecine devient une province de l'éducation. Ou il faut cesser de se référer à une nature, c'est-à-dire à une force spontanée de finalité douteuse. Les exigences morales de l'homme le poussent à forger sa nature. En ce cas l'hygiène devient déjà une thérapeutique, la médecine est encore une province de l'éducation, mais l'éducation ne sera plus la formation de l'homme par sa nature, elle sera considérée au contraire comme formation de la nature par l'homme. Ainsi les tensions que l'hippocratisme manifestait dès l'origine, nous le savons, mais sans en éprouver trop de peine ni de dommage, s'accentuent. Elles conduisent à prendre conscience de la nécessité d'un choix. Il faut, avec Ballexserd, dire que la nature est bonne et donner congé à la médecine. Ou alors il faut affirmer, avec Verdier, que si la nature n'était pas indécise ou mauvaise le progrès n'aurait aucun sens, détacher par conséquent la médecine de la nature, soumettre la nature à la médecine. Les deux thèses sont antinomiques : elles ne peuvent se conjoindre ni même se rejoindre.

En fait la plupart des médecins des enfants du XVIIIe siècle ne se sont pas cru obligés à une option. Leur formation hippocratique les avait habitués à éluder un choix que le génie d'Hippocrate lui avait interdit. La médecine des enfants présente au XVIIIe siècle une image tourmentée mais cohérente. A part un petit groupe de médecins, elle englobe la quasi-totalité des médecins d'enfants. Ils sont en désaccord, certes. Mais ils conservent des idées communes.

L'idée-force de l'hippocratisme, qui est celle d'une finalité de la nature, n'a jamais été aussi conquérante qu'à la fin du siècle. Certains, tel Hufeland, pensent assister à son triomphe[1]. La pensée de Rousseau apportait même en apparence[2] au triomphe de l'hippocratisme, aux sources duquel elle s'est certainement formée, l'appui d'un prestige extraordinaire. Un homme comme Verdier, ennemi pourtant avisé et perspicace de l'hippocratisme, pouvait exposer ses idées révolutionnaires en les glissant dans des cadres galéniques. Cependant en dépit de ses proclamations naturalistes, l'hippocratisme acceptait de recourir à des moyens curatifs. Il recherchait une thérapeutique. Aucun des plus bouillants hippocratistes, Armstrong, Ballexserd, Hufeland ne conteste qu'il est des cas où l'appel au médecin s'impose.

V

L'hippocratisme disposait de suffisamment de ressources pour maintenir ses thèses, pour s'adapter. On ne saurait soutenir, d'ailleurs, que tous ceux qui, au début du XIXe siècle, contribuèrent à ruiner ses positions se soient situés tellement

1. Faisant en 1794 le bilan des vingt dernières années, HUFELAND écrit : « on s'est rapproché de la nature dont on s'était horriblement éloigné et on est maintenant convaincu que le seul moyen de former des hommes sains et capables d'être un jour utiles, c'est de familiariser de bonne heure les enfants avec les éléments et les influences au milieu desquels ils doivent vivre un jour, d'éviter toute contrainte, le raffinement et tout ce qui pourrait opérer une trop prompte maturité, de ne point former l'esprit aux dépens du corps, en un mot de respecter les droits de la nature et de l'enfance si longtemps méconnus » (*loc. cit.*, p. 1 et 2).

2. Nous dirons plus loin en quoi Rousseau a contribué à remplacer l'hippocratisme.

loin de lui. Barthez, Pinel, Bichat sont des vitalistes. Un principe, selon eux, guide les phénomènes vitaux. Et ce principe, à tout prendre, ne nous apparaît pas tellement éloigné de la Nature hippocratique. Seulement la croyance en la force vitale n'empêche pas les vitalistes d'examiner sur un plan expérimental les phénomènes biologiques. Au contraire le vitalisme entend ainsi la mieux connaître. Car, pour lui, il n'est qu'un moyen d'empêcher ce principe vital de demeurer une entité : le voir à l'œuvre dans les choses de la vie.

C'est justement ce que ne faisait pas l'hippocratisme. La santé marquait le triomphe de la nature, la maladie son échec. Qu'il s'exprimât dans des termes que lui suggérait sa foi en l'humorisme, ou qu'il privilégiât le solidisme, l'hippocratisme était incapable d'en dire davantage. Equilibre et déséquilibre des humeurs, selon l'hippocratisme traditionnel, « altération et dérangement notable de proportion et d'ordre dans tes mouvements des solides et des liquides », selon Hoffmann[1] : telles étaient santé et maladie. Soit. Mais une théorie générale de la santé et de la maladie ne renseigne pas sur les traits qui permettent de reconnaître que le corps ou les organes sont ou non en bonne santé. Elle ne fait pas connaître non plus quelles sont les différentes sortes de maladies ni n'apprend à les diagnostiquer. Pour prendre le cas plus particulier des maladies des enfants, les médecins avaient besoin d'en faire le recensement et de les rattacher à des conditions à l'égard desquelles ils ne fussent pas sans action. Il était évidemment plus satisfaisant pour eux d'effectuer simultanément les deux entreprises.

Les médecins qui mirent fin au long règne d'un hippocratisme qui avait perdu, au cours de ses évolutions, bon nombre de ses traits originels n'étaient pourtant pas des ennemis de l'hippocratisme. Ils n'étaient même pas des positivistes désireux d'échapper aux problèmes métaphysiques que suggère une étude de la vie. Ils ne cherchaient pas seulement les lois à partir de l'examen des faits. *Ils poursuivaient les normes de la santé et de la maladie.*

1. DAREMBERG, *loc. cit.*, p. 920.

Leur abstraction, en effet, ne rend pas fausses les notions de santé et de maladie telles qu'elles s'expriment dans les différentes hypothèses des hippocratistes. Mais, si on les rencontre sous leur forme la plus générale, on ne les connaîtra pas avec précision, c'est-à-dire dans leurs manifestations concrètes et on sera, en conséquence, incapable d'agir sur elles. La norme, au contraire, offre à une théorie de la santé l'occasion de s'assurer en se précisant. Elle est la visée particulière de la nature à l'occasion du jeu de telle ou telle partie du corps. L'appel à l'expérience, chez les médecins du début du XIXe siècle, n'a pas pour seule motivation la découverte de lois. Il permet de préciser dans le détail les fins particulières poursuivies pour un principe de vie qui a hérité quelque peu des finalités de la nature hippocratique. Il permet également de découvrir par quels moyens la vie réalise ses buts.

L'être en bonne santé, c'est l'être normal. La maladie est l'anormal. Il n'en fallait peut-être pas plus pour que la médecine fût transformée. Cette transformation fut, à notre avis, du moins en ce qui concerne la médecine infantile, l'œuvre de Charles-Michel Billard. Son *Traité des Maladies des enfants nouveau-nés et à la mamelle* (1828) pourrait bien constituer les véritables débuts de la médecine des enfants.

Une introduction apporte les principes les plus généraux. Et d'abord un principe expérimental. Les êtres physiques ont des propriétés ; les vivants des fonctions. Or propriétés comme fonctions sont liées à une certaine « organisation ». Si on modifie la composition physique d'un corps, on transformera ses propriétés. Si on a égard à la diversité des fonctions accomplies par les différentes espèces animales, on devra les rapporter aux différences organiques qui séparent ces espèces. Mais l'organisation elle-même, à l'intérieur d'une certaine espèce, n'est pas toujours la même. Chez un individu elle varie avec son vieillissement. On peut donc penser que les fonctions se modifieront en même temps que cette organisation :

> ainsi l'œuf humain, quelques jours après la conception, diffère réellement du foetus, de l'enfant à terme, de l'homme adulte sous le rapport des matériaux qui entrent dans sa

> composition ou, du moins.de l'état actuel dans lequel se trouvent réciproquement ces matériaux »[1].

Qu'est-ce, exactement, que l'« organisation » d'un vivant ? Billard ne le dit pas. Mais il semble qu'il faille voir en elle l'ensemble des éléments constitutifs d'un organisme. Elle ne se confond pas avec une constitution anatomique. Elle évoque aussi la constitution chimique et, plus généralement, *l'exis* d'un corps ou d'un membre vivant dans la totalité de ses aspects.

Tels étant, selon Billard, les enseignements de l'expérience, il devient possible de caractériser d'une façon qu'il appelle a priori, sans doute parce qu'elle concerne des notions qui se lisent moins clairement dans l'expérience que celles de fonction et d'organisation, la santé et la maladie.

> A mesure, dit-il[2], que l'œuf, que l'embryon, que le foetus, que l'homme adulte se perfectionnent dans leur organisation, ils rempliront, dans l'état de santé, leurs fonctions d'une manière particulière et présenteront, dans l'état de maladie, des symptômes également particuliers dont la forme et le mode d'être différeront très certainement suivant ces diverses phases de l'organisation.

Hippocrate et ses disciples définissaient la santé et la maladie par rapport à un certain équilibre ou par rapport à une Nature dont ils ne savaient – et de façon combien générale ! – que des intentions. A vouloir pénétrer ces intentions, ils ne pouvaient déboucher sur aucune réalité expérimentale. A présent le souci des réalités pousse à multiplier les modalités de la santé et celles de la maladie pour les faire correspondre à des modalités de l'organisation. L'état de santé n'est plus rapporté aux grandes finalités naturelles, celui de la maladie aux causes mystérieuses qui disloquent ou qui abattent ces finalités. On peut encore, si l'on refuse de rompre avec l'hippocratisme ou si l'on désire prolonger des observations concrètes par une philosophie, supposer que la santé est, dans chacune des phases qui marquent le développement d'un être, voulue par la nature. En ce cas le naturalisme hippocratique reçoit des déterminations précises.

1. p. 2.
2. p. 3.

Mais ces déterminations ne sont pas plus déduites d'un tel naturalisme qu'elles ne l'appellent. Encore une fois la santé est une norme fonctionnelle : la maladie en est l'absence.

Comment reconnaître cette norme ou, pour user de l'expression de Billard, cet « état normal » ?[1] Aucune méthode n'est fournie. Mais la démarche suivie est très explicite. La première partie de l'ouvrage, consacrée à préciser « l'état sain »[2], procède en décrivant les comportements d'enfants qui ne sont pas malades. Sans doute pourrait-on se demander si, pour reconnaître qu'un enfant est sain ou qu'il n 'est pas malade, il n'est pas nécessaire de définir la santé. Ainsi procédait Hippocrate, soucieux de ne déclarer un être sain qu'après l'avoir confronté avec un idéal de santé ou, si l'on préfère, une formulation de la santé. Billard n'en a cure. Il semble présupposer que l'expérience suffit à révéler la santé et la maladie, le normal et l'anormal. A quoi bon épiloguer sur la maladie ? Les maladies se constatent. Elles éprouvent l'être humain et le conduisent à la mort. Lorsque, comme c'est le cas d'un enfant, le sujet n'a pas conscience du trouble dont il est affecté, il l'exprime par ses gestes, ses mouvements, ses cris.

La norme se présente à Billard sous forme statistique. C'est ainsi qu'une étude des attitudes des nouveau-nés enseignera celles qui sont normales. Elle permettra aussi de constater qu'il est une évolution normale des attitudes enfantines.

> La position fléchie des membres et la courbure du torse en avant est l'attitude propre au nouveau-né ; ... les mouvements volontaires se développent d'abord dans les membres supérieurs, la main qu'on exerce dans le principe qu'une préhension mécanique devient de plus en plus propre à remplir ses usages sous la direction de la volonté. Les mouvements de la tête, du cou, puis ceux du tronc et enfin des membres inférieurs se succèdent dans leur développement, de sorte que l'enfant sort peu à peu de cet état d'inertie où le retenait encore son organisation à peine ébauchée »[3].

1. p. 3.
2. p. 5.
3. p. 8.

L'intervention de la nature n'est pas exclue par Billard. Mais il ne lui attribue, selon les enseignements d'un vitalisme à prétention scientifique, celui que lui avaient fait connaître ses maîtres, pas d'autres fins que celles qu'elle atteint chez des sujets normaux. C'est pourquoi il pourra dire de l'enfant

> [qu']il n'est point destiné par la nature à ramper sur ses quatre membres ainsi que l'ont voulu certains philosophes; mais il acquiert insensiblement le pouvoir de prendre les attitudes et d'exercer les mouvements qui caractérisent les individus de son espèce, à mesure que son corps se perfectionne et que ses forces musculaires se développent »[1].

Il est donc demandé à l'expérience de fixer les normes enfantines. C'est elle qui apprendra, par exemple, que « la dessiccation du cordon ombilical est un phénomène tout à fait physiologique et qui se lie aux phénomènes de la vie »[2].

Ou encore c'est au terme de longues expériences portant sur la forme, le timbre, la durée du cri que Billard pourra affirmer du cri qu'il n'est « réellement que l'inspiration et l'expiration devenues sonores »[3], de ses altérations qu'elles « indiquent le plus ordinairement une affection des poumons et des bronches, mais que les altérations de la reprise sont un signe assez ordinaire des affections du larynx et de la trachée artère »[4].

Les maladies une fois dépistées, il faut les classer, les connaître dans leurs causes et leurs manifestations, les traiter. La classification est à double entrée. Elle distingue d'abord entre les maladies contractées durant la vie intra-utérine[5] et celles qui ont été acquises après la naissance. Et elle répartit les maladies en fonction des différents systèmes : affections de la peau, du tissu cellulaire, de l'appareil digestif, de l'appareil respiratoire et circulatoire, de l'appareil cérébro-spinal et celui

1. p. 8.
2. p. 16.
3. p. 45.
4. p. 59.
5. La maladie, étant perturbation d'une certaine organisation, atteint tout être organisé. Pour Billard l'enfant peut donc être malade dans le sein de sa mère.

du système de la locomotion et de celui de la génération. – Chaque maladie est ensuite étudiée dans son étiologie. Les prédécesseurs ne sont pas oubliés. Qu'on prenne, par exemple, le cas des aphtes, qui est classique entre tous. Non seulement Hippocrate est cité mais toute la littérature du sujet est connue[1]. – Vient ensuite la recherche de la définition :

> les aphtes ne sont ni des tumeurs, comme l'ont voulu les uns, ni des ulcères comme l'ont pensé les autres, mais tantôt l'une et tantôt l'autre de ces deux altérations pathologiques, suivant le degré plus ou moins avancé de leur inflammation. Si quelquefois on n'observe que l'ulcère, c'est que le développement primitif du follicule a échappé à l'attention du médecin ou des personnes qui entourent le malade[2].

Suit alors, toujours rigoureuse, la détermination, négative d'abord, puis positive, des causes. L'apparition des aphtes est liée à une prédominance du système lymphatique provoquée par une mauvaise alimentation ou une vie confinée dans un air vicié. C'est évidemment à éliminer ces causes que s'attachera la thérapeutique.

Le livre de Billard, écrit par un jeune homme de moins de vingt-huit ans[3], interne à l'Hospice des Enfants trouvés, témoigne d'éclatantes qualités. Il repose sur des observations cliniques et sur des autopsies effectuées par lui-même. Tant la formulation des hypothèses que leur mise à l'épreuve révèlent une netteté d'esprit parfaite. La langue est belle. Des innovations sont apportées qui, sur certains points, dureront : telle la classification des maladies des enfants[4].

1. « Les commentateurs d'Hippocrate, de Galien, de Celse, d'Aretée se sont épuisés en vaines conjectures pour savoir à quelle altération du tissu il fallait rapporter les aphtes. Quelques médecins, tels Boerhaave, Van Swieten, Stool, Armstrong, Underwood ont uniquement consacré cette dénomination aux ulcères de la bouche, quelle que soit d'ailleurs leur forme primitive. D'autres, Sylvius, Mercurialis, Ettmuller. Pinel les ont considérées comme des pustules vésiculeuses, blanches au milieu. rouges à leurs bords, fort analogues à la maladie muqueuse de Roederer et Wagler » (p. 207).

2. p. 212.

3. BILLARD est mort à Angers à 32 ans.

4. Cette classification fut d'abord rejetée par l'ouvrage, qu'on peut dire classique dans la deuxième moitié du XIXe siècle, de RILLIET et BARTHEZ, *Traité clinique et pratique des maladies des enfants* (3 vol., 1838-1843).

Les mérites de Billard sont suffisamment grands pour qu'on n'ait pas à lui en attribuer qui ne sont pas les siens. La théorie anatomopathologique qu'il applique dans son *Traité*, il l'a reçue de ses maîtres. Sydenham avait fait effort pour définir, indépendamment des circonstances particulières auxquelles s'attachait l'école hippocratique, de véritables entités nosologiques. Morgagni avait publié en 1761 son *De Sedibus et causis morborum per anatcmen indagatio :* il localisait les maladies dans des organes déterminés, rompant ainsi avec l'humorisme de Galien, la théorie de la tonicité musculaire de Hoffmann. Pinel et Bichat, au début du XIXe siècle, rattachaient les maladies aux fonctions et celles-ci aux organisations. Il importe peu que la notion d'organisation soit liée, dans l'esprit de Bichat, à une structure presque exclusivement anatomique. Elle reste en principe suffisamment ouverte pour que s'y glissent ultérieurement la physiologie et l'histologie. Sans doute les découvertes pastoriennes obligeront-elles ultérieurement à transformer les théories nosologiques de façon à faire intervenir les agents microbiens. Mais à l'époque où Billard fait appel aux thèses de ses maîtres, il n'est pas douteux qu'elles ne soient capables d'aider la médecine des enfants à échapper aux conflits intestins de l'hippocratisme et à ceux qu'il doit soutenir contre les détracteurs de la nature. La notion d'organisation regroupe les explications humorales et solidistes sous toutes leurs formes. Le cas échéant elle fait un sort au concept de nature : la nature cesse d'être une finalité obscure pour trouver son accomplissement dans le jeu déterminé de fonctions elles-mêmes déterminées. Ainsi détachée de la finalité, elle peut être retenue par les ennemis de l'hippocratisme. Mais d'autre part elle conserve un dynamisme suffisant pour que les hippocratistes d'orientation différente se voient confirmés dans leur croyance. A l'époque de Billard la médecine rompt avec tout un passé, elle prend un nouveau départ.

Quand Billard n'aurait fait qu'appliquer à la médecine des enfants les nouvelles théories médicales, il aurait joué un rôle

Mais, dans la troisième édition (1884), SANNE, qui a remplacé RILLIET, fait amende honorable et retrouve, sans d'ailleurs faire allusion à son auteur, la classification de BILLARD (Cf. III et IV), qu'il modifie quelque peu.

important. Mais son originalité n'aurait été que celle, relative, d'un disciple qui reçoit de son maître la charge de défricher un certain domaine. Elle nous semble bien plus grande.La notion de médecine des enfants résulte en effet de la jonction de deux concepts, celui de la médecine et celui d'enfance. Or à partir de Billard le concept d'enfance s'est trouvé transformé. On commet généralement bien des erreurs lorsqu'on évoque la représentation que les hommes d'autrefois se faisaient de l'enfance. Ainsi les théories les plus modernes de l'éducation laissent entendre que la spécificité de l'enfance s'est imposée très tardivement. Et, comme elles s'emploient à proclamer cette spécificité, elles prétendent à l'appellation d'« écoles nouvelles ». A les en croire, avant que ne soient affirmés les principes qui sont les leurs, l'enfant aurait toujours été considéré non pas comme un enfant mais comme un adulte en réduction, il aurait été, de surcroît, méprisé et durement traité dans la vie comme à l'école. De telles affirmations semblent bien discutables. On peut se demander d'abord si elles sont compatibles : ne faut-il pas choisir entre le rabaissement systématique de l'enfance et son assimilation à l'âge adulte ? Mais on peut ajouter que, prises séparément, ni l'une ni l'autre n'est fondée. Il nous semble que les adultes ont toujours été frappés de la distance qui séparait d'eux les enfants et qu'ils ont tenu l'enfance pour un âge très éloigné du leur. Qu'on songe à quel point, pour Hippocrate, la diathèse enfantine est différente de la nature de l'homme. Christianisme, rationalisme ne laisseront jamais de penser que, si la raison est le trait principal de l'homme, l'enfance est le règne de l'irrationnel. Il n'est pas vrai non plus que l'enfance ait été, jusqu'au XVIIIe siècle, systématiquement malmenée. Les exemples peuvent être nombreux de meurtres d'enfants, de traitements ignobles infligés à la jeunesse.

Il n'en reste pas moins vrai que les enfants, dès la fin du Moyen Age, alors même que de dures nécessités les vouent à un précoce et rude apprentissage, ont provoqué l'intérêt[1]. Au reste

1. Cf. ARIES, *L'enfant et la vie familiale sous l'Ancien Régime*. Cf. aussi LE GOFF : « il faut attendre la fin du Moyen Age pour que se répande un thème iconographique que l'on sent chargé d'un intérêt nouveau pour l'enfant, intérêt d'ailleurs qui, dans ce temps de mortalité infantile élevée, est

la quasi totalité des médecins de l'enfance ont toujours manifesté à son endroit beaucoup d'égards et d'affection[1].

L'enfance s'est donc vu conférer à toute époque de l'histoire, si lointaine soit-elle, son originalité. Cependant s*i l'enfant n'a pas été représenté à l'image de l'adulte, il a été défini en fonction de l'adulte.* Pour l'ancienne.médecine, l'adulte est censé représenter un achèvement, ce que l'enfant ne peut manquer de devenir un jour : un être plus fort que l'enfant, donc mieux portant. L'enfant ne peut être que manque, ébauche inchoative.

C'est pourquoi Hippocrate voit en l'homme un mélange équilibré d'humeurs alors qu'il pense que l'enfant n'a pas atteint cet équilibre : il est trop chaud, trop humide aussi[2].

La pédagogie va connaître, à cet égard, les mêmes nécessités que la médecine. Elle ne s'adresse pas au corps de l'enfant pour le guérir mais à son âme. Pour elle la nature de l'enfant n'est pas faite seulement d'humeurs, elle est un ensemble de désirs, eux aussi sans équilibre puisque seule la raison, que l'enfant ne possède pas encore, pourrait lui donner cet équilibre.

Ainsi, conduites à s'interroger sur la nature de l'enfant pour pouvoir agir sur elle, médecine et pédagogie vont donc faire appel aux mêmes procédés. Toutes deux caractériseront l'enfance en la référant à l'âge adulte.

Mais leur rapprochement ne se limite pas là. Comme elles ont demandé à la même méthode de leur faire connaître

d'abord inquiétude » (*La civilisation de l'occident médiéval,* Arthaud, 1964, p. 356-357).

1. En 1689, HARRIS (*loc. cit.*, *in* préface non paginée) parle de « ces innocents, de « ces pauvres innocents ». Les médecins plus anciens ne parlent sans doute pas le même langage. Mais tous supposent évidemment qu'il faut soigner les enfants au même titre que les hommes. Et certains le proclament. Ainsi, selon Mercurialis (*loc. cit.*, p. 2 recto), si « la Nature et Dieu » ont voulu que les enfants soient atteints par les maladies, ils ont voulu également qu'ils puissent être guéris par des remèdes. Seulement il n'est pas douteux que « *haec* (l'enfance) *alia dexteritate et prudentia sit practanda quam ceterae aetates* ».

2. Il se peut que cette attitude d'esprit qui consiste à raisonner en termes comportant du plus et du moins et à définir le moins à partir du plus soit passée de la médecine grecque à la biologie : la biologie aristotélicienne caractérise les animaux à partir de l'homme car c'est à partir de l'acte que se définit la puissance.

l'enfance, elles ne vont pas tarder à se trouver confrontées aux mêmes problèmes. L'hippocratisme, disions-nous, pouvait évoluer en deux directions. Dans un cas il réprimait l'originalité enfantine ; considérant l'enfance comme une véritable maladie, il se hâtait de la terminer. Mais, d'un autre point de vue, sa logique lui permettait de penser que l'enfant est l'être en lequel rien ne vient entraver les manifestations de la finalité naturelle. Elle le portait donc à conférer à l'enfance un véritable privilège. – Dans le même temps, une pédagogie irritée de l'état d'abaissement d'une enfance si éloignée de la raison et si peu capable encore de recevoir l'Evangile, la domptait, utilisait la force pour l'obliger à se plier au gouvernement de la raison ; ou, au contraire, reconnaissant, avec Montaigne, que la Nature, notre seul maître, expression de la divine Providence, ne parle jamais mieux que par la voix des simples ou celle des enfants, entendait l'enfance et la protégeait. Il y eut des périodes confiantes en la nature enfantine qui virent, en éducation comme en médecine, l'hygiène l'emporter sur la thérapeutique ; d'autres, par méfiance, réduisirent presque médecine de l'enfance ou pédagogie à une thérapeutique coercitive.

Parce qu'elles rencontraient, quoique avec des préoccupations différentes, la même enfance et qu'elles étaient sollicitées par les mêmes problèmes, médecine et pédagogie se trouvaient disposées à adopter des solutions analogues. On s'explique ainsi l'existence, du XVIe au XVIIIe siècle, d'une « éducation physique » qui se présente aussi bien comme une médecine que comme une éducation, domaine commun où se confrontent et se complètent les expériences.

On ne s'étonnera pas que la médecine des enfants et l'éducation des enfants aient connu les mêmes tensions.Il va de soi que les difficultés qui concernent l'« éducation physique », domaine qui leur appartient à toutes deux.ne peuvent que leur être communes. Le corps doit-il être soumis à la raison et à la civilisation ou abandonné à la nature ? Le corps possède-t-il une vocation propre ou appartient-il à l'éducation de le façonner ? Graves problèmes[1] qui ne se limitent pas à l'éducation physique.

1. ULMANN, *loc. cit.*, p. 177-252

Chacune des deux disciplines, médecine et pédagogie, qui se rejoignent dans l'éducation physique, les connaît en tout cas pour son propre compte. Nous les avons rencontrées en étudiant la médecine infantile. On les ferait saillir sans peine dans l'histoire de l'éducation. Cette crise commune a-t-elle été à l'origine d'une rupture entre la médecine des enfants et l'éducation et contraint ainsi à renouveler le concept d'éducation physique ? On pourrait être tenté de le croire. La médecine aurait basculé du côté des sciences et se serait désolidarisée de l'éducation. L'éducation physique se serait alors brisée en deux fragments : « gymnastique construite », rattachée à la médecine : sport, agrégé à l'éducation. Cette vision des choses nous semble bien cursive. Mais il ne nous appartient pas de la discuter ici. Nous nous en tiendrons pour l'instant à un seul point.

La crise de la médecine infantile au XVIIIe siècle n'appelait pas seulement une rectification des plus grands concepts médicaux, ceux de santé et de maladie. Elle ne pouvait conserver cette conception de l'enfance jusque-là acceptée et qui se constituait, nous le savons, en différenciant l'enfant d'un adulte considéré par ailleurs comme terme de référence. Avec l'abandon de la théorie hippocratique des humeurs, l'idée que les humeurs s'équilibrent chez l'adulte ne signifiait plus rien. Bien plus, en attribuant d'emblée à l'adulte une perfection physiologique et morphologique intangible, la médecine s'interdisait d'amender le corps humain. – De son côté la pédagogie rencontrait les mêmes insatisfactions. Instruite par l'histoire, elle ne pouvait plus ignorer ce que peut présenter d'équivoque la notion d'adulte s'il est vrai que, pour son bien ou pour son malheur, l'homme se fait au cours de l'histoire.

Il fallait donc rectifier la notion d'enfance. Dans cette compétition entre la pédagogie et la médecine des enfants, la pédagogie fut la première à y parvenir. Il est faux, nous l'avons observé, que Rousseau ait affirmé avant quiconque la spécificité de l'enfance. Il s'agissait là d'un lieu commun et les particularités de l'enfance risquaient même plus d'être majorées que sous-estimées. Mais avant Rousseau nul n'avait cherché à définir l'enfance de façon autre que différentielle. Rousseau la considère en elle-même. Il en étudie les phases. Il aperçoit que chacune d'elles se caractérise par un comportement physique, moral, intellectuel particulier qui ne doit rien à celui de l'adulte, qui lui doit même d'autant moins que, selon la volonté de Rousseau, l'adulte ne sera qu'un «homme» dans tous les sens du mot, c'est-à-dire sans aucune détermination particulière. L'équilibre n'est pas le privilège de l'adulte. Chacun des paliers qui jalonnent la maturation de l'enfant définit pour lui un équilibre.

Nous ne savons pas si Billard a lu Rousseau. Moins encore s'il en est inspiré. Mais on ne peut s'empêcher de constater que Billard introduit en médecine infantile une conception de l'enfance singulièrement proche de celle de Rousseau. Il ne s'agit plus de voir en l'enfant un être dont le corps est trop chaud ou les fibres sont trop lâches. Il existe aux différents âges un comportement enfantin qui est normal. L'enfant que décrit Billard est un être qui, pas plus que celui dont parte Rousseau, ne définit ses propres normes en fonction de celles d'un adulte.

Avec Billard la médecine des enfants connaît une double transformation. L'enseignement proprement médical de Bichat se conjugue avec une théorie de l'enfance qui a pu procéder de Rousseau et qu'il appartenu à Billard d'adapter avec minutie à tous les âges physiologiques de ses jeunes sujets. La préhistoire de la médecine infantile est terminée.

CHAPITRE QUATRE

Y A-T-IL UNE VÉRITÉ EN ÉDUCATION PHYSIQUE ? [1]

Il n'y a pas tellement longtemps qu'on discutait du droit de l'éducation physique à être considérée comme une forme de l'éducation. Débat maintenant clos, même si nombreux sont ceux qui acceptent, en paroles seulement, de lui donner satisfaction. Mais d'autres difficultés se présentent aussitôt qui risquent de ranimer, d'aviver même, des conflits qu'on pouvait croire éteints.

Le crédit que réclame l'éducation physique ne lui sera accordé que si elle satisfait à certaines conditions : définir son propre champ d'investigation et aussi montrer qu'elle a surmonté l'épreuve rencontrée dans sa prime jeunesse : l'opposition des doctrines, l'affrontement des théories. Si elle ne pouvait produire sa carte d'identité, si elle risquait dans l'esprit du « public » d'être confondue avec le sport, d'apparaître un appendice de la médecine, comment revendiquerait-elle son autonomie ? Et si elle n'était rien qu'un champ clos ou chapelles philosophiques et autres, soucieuses d'affirmer leur originalité, voire en quête de pouvoir, règlent leurs différends, comment pourrait-elle être prise au sérieux ? C'est à cette seconde question que nous nous attacherons. Sa portée est grande : elle conditionne toute théorie de l'éducation physique.

1. Article paru dans *STAPS*, n° 2, octobre 1989, p. 1-10.

Les conflits de doctrines invitent à se demander s'il y a une vérité en éducation physique

L'histoire de l'éducation physique est celle des conflits de doctrines. Négligeons ceux qu'à tort ou à raison nous tenons pour périmés. Il reste que l'éducation physique n'échappe pas aujourd'hui à de violentes tensions. La fin du XIXe est marquée par le heurt des partisans d'une gymnastique anatomique, celle de Ling, et d'une gymnastique qui trouve avec Demenÿ son inspiration dans la physiologie. Bientôt Hébert introduira la « méthode naturelle ». Les théoriciens de la gymnastique sont d'accord pour opposer au sport un front commun. Puis le sport ouvre une brèche : il y a quelque 25 ans les professeurs d'éducation physique avaient le choix entre la « méthode naturelle », la « méthode sportive » et la « gymnastique construite ». Les méthodes apparues depuis, méthodes psychocinétique et d'expression corporelle, pour ne retenir que les plus actuelles – offrent à ceux, de moins en moins nombreux, qui refusent de soumettre l'éducation physique à l'omnipotence du sport, des possibilités nouvelles.

Certains se féliciteront de cette prolifération tumultueuse des façons de se représenter objectifs et pratiques de l'éducation physique. Elle porte, il est vrai, témoignage du désir d'échapper à l'ankylose. Mais lorsqu'elle aboutit à mettre en présence des modes de pensée et d'action qui ne sont pas destinés à se compléter mais à se combattre, elle introduit dans les esprits un trouble grave.

On qualifie souvent de « méthode » l'unification originale des divers facteurs auxquels l'éducation physique fait appel. A tort, car si la méthode est, dans le langage courant, un ordre suivi pour mener à bien une recherche ou un exposé, la « méthode », telle qu'elle est entendue en éducation physique, mériterait plutôt, en raison de son caractère à la fois subjectif et construit, d'être nommée « conception » ou « système ». Quoi qu'il en soit, l'éducateur physique se trouve en présence d'attitudes qui lui proposent toutes certaines fins et dressent le catalogue des exercices et comportements qui permettront de les accomplir. Prendra-t-il son parti de divergences, de contradictions qu'il jugera inévitables ? Considérera-t-il que, même s'il n'est pas, à l'heure actuelle, de doctrine qui s'impose, l'avenir peut-être, permettra à la vérité de s'imposer ?

Ces deux attitudes constituent deux réponses à un même problème : peut-il y avoir une vérité en éducation physique ?

Education physique et science

Il serait hors de propos de demander à la philosophie de porter un jugement sur la vérité scientifique. Peut-être existe-t-il d'autres vérités que scientifiques. Mais, des fins, des lois, des théories scientifiques, si précaires et perfectibles qu'elles soient, sont actuellement vrais : la science est vraie.

Si l'éducation physique, sous l'une des formes qui lui sont données, pouvait prétendre au titre de science, elle serait donc vraie. Bien des éducateurs pensent que la meilleure façon de défendre leur fonction et de préciser pour les autres et pour eux-mêmes la raison d'être de leur activité est d'établir le caractère scientifique de l'éducation physique.

Si, avant de la « reconnaître », on imposait à l'éducation physique de prouver son caractère scientifique, c'en serait fait d'elle. Elle tomberait dans la trappe où viennent s'anéantir les prétentions des « fausses sciences ». Deux raisons l'empêchent, en effet, d'être une science.

Le domaine de l'éducation physique n'est pas scientifiquement circonscrit

1) Une science possède, à un moment donné, un domaine bien circonscrit, or selon les prétentions qu'on lui prêtera, le domaine de l'éducation physique sera très différent. Pour certains, il se confond avec celui d'une « gymnastique » à laquelle on demande traditionnellement d'assurer des finalités premières telles que la guérison des malformations, la bonne santé, un certain épanouissement corporel foncier. D'autres ne le séparent pas du sport. D'autres encore l'étendent à toutes les formes d'activité, y compris les plus élaborées, comme les activités artistiques, qui offrent au corps le moyen de « s'exprimer ».

Les fins ne le sont pas non plus

2) L'éducation physique ne peut manquer de poursuivre certaines finalités. Les unes sont d'ordre moral : d'autres relèvent d'une action d'entendre la nécessité et la vocation de l'éducation physique. Négligeons-les pour le moment. Mais il en est qui lui appartiennent en propre : celles, par exemple, qui expriment des perfections corporelles, comme la santé, l'adresse ou la force. Offrent-elles prise à la connaissance scientifique? Autrement dit l'éducation physique est-elle en mesure d'établir scientifiquement quelles fins elle doit poursuivre si elle veut être « scientifique » ? Certains, dont Demenÿ l'ont pensé. A les en croire, une démarche scientifique permettrait à l'éducation physique de poser solidement les buts dont sa vocation exige qu'elle soit pourvue. Selon Demenÿ, l'expérience révélera en un premier temps les traits du « sujet d'élite ». Il restera ensuite, en un second moment. à demander aux sciences de fournir à l'éducation physique les moyens physiologiques et autres de le réaliser.

Si rien ne s'oppose à ce que l'expérience permette le dégagement de normes, Demenÿ a raison. Et à première vue il semble qu'il en aille bien ainsi. Les éleveurs savent distinguer, parmi les animaux d'une même espèce, ceux qui la représentent sous sa forme la plus parfaite. Les concours agricoles établissent des classements. Ces opérations, le plus souvent mercantiles, apporteraient néanmoins la preuve que l'idéal, pour être posé, n'exige pas des spéculations abstraites ni hors du commun.

Mais en va-t-il ainsi ? Comment, dans la vie courante la détermination du sujet d'élite s'effectue-t-elle ? La statistique, même la plus fine, ne saurait la procurer. Qu'on prenne, par exemple, les chiens d'une certaine espèce. La norme qu'on dégagera de la confrontation des congénères ne fournira évidemment que les traits les plus communs. Les tenir pour des traits idéaux serait confondre une moyenne avec un idéal. On objectera que, dans la pratique, les éleveurs parviennent tout de même à définir une espèce sous sa forme la plus parfaite. Sans doute. Mais comment les choses se passent-elles en fait ? Négligeons ceux des traits dont la perfection résulte d'une convention : à l'intérieur d'une espèce certains sujets sont valorisés pour des raisons esthétiques, par exemple en raison de la couleur de leur poil. Attachons-nous aux traits essentiels[1] : la taille, la résistance, le courage, l'aptitude à la garde... Il est facile de voir que ces caractères ne sont pas dégagés par induction. Ils sont le plus souvent voulus parce qu'ils sont destinés à satisfaire des désirs. D'une espèce on attendra qu'elle soit « de garde », d'une autre qu'elle fournisse des animaux de compagnie. On tiendra pour des qualités idéales les qualités les plus prisées : l'animal dont on dira qu'il représente le type accompli de l'espèce sera celui qui répond le mieux à ce qu'on en attend. Si je souhaite posséder un chien qui sache me défendre, je chercherai quelle taille, quel poids, quelle denture, à l'intérieur d'une espèce que je sais apte à me rendre ces services, permettront à l'animal de porter au plus haut point les qualités que j'en attends. Parmi ces qualités certaines seront évidemment plus conventionnelles que d'autres.

En tout cas les finalités ne sont pas lues dans l'expérience. Les hommes les apportent avec leurs habitudes et leurs besoins. Habitudes et besoins changeants. Le canon de la beauté physique tel que le Grecs anciens l'ont fixé est différent de celui que d'autres peuples adoptaient alors en d'autres lieux. Les modernes pourront bien le vénérer. Ils ne cesseront toutefois de le transformer.

Pour définir avec précision les caractéristiques de son « sujet d'élite ». Demenÿ doit, au préalable, le doter de ce qu'il appelle « l'équilibre fonctionnel ». Il n'évite donc pas, avant de rechercher à cette norme des caractéristiques concrètes, d'en fournir une définition antérieure à la consultation de l'expérience. C'est cette définition ou cette caractérisation qui guidera l'investigation de l'expérience. On ne voit donc pas comment elle pourrait en résulter.

On trouvera chez Demenÿ même la preuve de cette incapacité de la science à fournir le portrait de l'homme physiquement idéal. Aux phrases, en effet, dans lesquelles se trouve pro-

1. Ces traits essentiels commandent d'ailleurs souvent l'apparition de traits que l'on vient de dire conventionnels. Telle nuance du pelage d'un berger allemand, par exemple, se trouve généralement couplée avec la timidité ou la lâcheté.

clamée son intention de fixer les traits du sujet d'élite en recourant à la mesure, succède celle-ci : « Ces mesures permettront de fixer le type humain non pas extraordinaire mais simplement normal auquel on pourra comparer tous les autres »[1]. Un glissement, favorisé d'ailleurs par l'ambiguïté, dans le langage courant, du mot norme, s'opère de la « norme » au sens idéal à la « norme » comme moyenne statistique. Or, nous l'avons déjà dit, la statistique, même consultée avec d'autres intentions que celle d'y lire une moyenne, est incapable de dégager une finalité. Ou l'expérience est consultée avec le souci de trouver en elle les moyens d'accomplir des finalités conçues au préalable et en dehors de la science ; ou elle ne livrera, au mieux, qu'une vérité statistique qui exprime une fréquence, non un devoir-être.

L'éducation physique ne peut davantage être étroitement rattachée à une science

Ceux-mêmes qui exigent le plus de l'éducation physique ne peuvent pas ne pas prendre conscience de tout ce qui la sépare d'une science. Ils cessent alors de s'insurger contre une telle situation de fait et conviennent qu'ils ne peuvent la changer. Ils se consolent en pensant que, si l'éducation physique pouvait être rattachée étroitement à une science, rien ne serait perdu. Elle trouverait en cette science tutélaire une protection qui la mettrait à l'abri des critiques et des contestations. La science lui fournirait des principes. Elle lui procurerait aussi des lois immédiatement applicables à l'éducation physique, donc une méthode ou, au moins, une voie. Pendant longtemps, et peut-être malgré elle, l'éducation physique fut une application de la médecine et les éducateurs physiques n'ont pas encore digéré l'humiliation éprouvée au service et sous la férule des médecins. Libérée du joug d'Hippocrate, incapable d'une rigueur qui seule l'aurait rendue autonome, l'éducation physique a souvent tenté de s'inféoder à une science véritable. A l'époque même où il rêvait de faire de l'éducation physique une science. Demenÿ prenait conscience de tout ce qui l'en empêchait. « La doctrine

1. *L'école française*, p. 272.

de l'éducation physique, écrivait-il[1], doit reposer sur les résultats des sciences, mécanique, physique, chimique et biologique. Elle devient alors sinon une science, du moins une application de la science à l'éducation». L'avènement des sciences humaines a permis à l'éducation physique d'accroître le nombre de ceux à qui elle pouvait demander d'être ses parrains[2].

Que l'éducation physique doive s'informer auprès de sciences déjà consolidées, qui en douterait? Les faits observés, les lois découvertes lui apporteront des connaissances et des moyens d'action. Mais il s'agit de savoir si ces sciences ne peuvent faire plus pour elle et, notamment, la pourvoir de ces finalités incontestables auxquelles elle aspire.

Il semble évident à première vue que biologie et médecine sont capables d'indiquer à l'éducation physique les voies qu'elle doit suivre. Elle recevrait de ces sciences la finalité qui est la leur : la santé; elle tiendrait d'elles la connaissance des mécanismes qui l'assurent; elle s'efforcerait de les mettre en œuvre par les moyens qui sont les siens. Sans doute, mais il faut distinguer. On verra dans un moment ce qu'il faut penser des conditions dans lesquelles les lois scientifiques donnent lieu à l'application technique. Pour l'instant il n'est question que de s'interroger sur l'aptitude des sciences à assurer solidement les finalités qu'elles communiqueront ensuite à l'éducation physique et que celle-ci se proposera.

L'éducation physique tient-elle de la biologie ou de la médecine l'idée que la santé est la finalité la plus haute? Assurément non. Le désir de se bien porter est courant. Le sorcier en fait déjà son affaire avant que le médecin ne se l'approprie. A tout le moins la médecine ou la biologie éclaire-t-elle cette notion de santé? Incontestablement pas. L'idée de santé donne lieu à contestations chez les médecins. Certains la placent dans la seule conservation du vivant qui se manifestera par l'absence de douleur, le refus d'imposer une épreuve excessive aux organes, une espérance de longévité. Cette attitude conduit normalement

1. *Bases scientifiques de l'éducation physique* , 1909, p. 21-2.

2. Cf. *in* différents articles de la revue *Education physique et sportive* (dont nous n'avons pas les références sous les yeux) l'insistance avec laquelle furent questionnés différents psychologues : MM. GRECO, LE NY, REUCHLIN.

à refuser des épreuves physiques qui secoueraient trop vivement l'organisme et à n'accepter tout compte fait qu'une sorte de « gymnastique d'entretien ». D'autres, au contraire, définiraient la santé comme une sorte d'aptitude au dépassement. Ils pensent en somme que le corps humain a pour vocation d'accomplir, pour son propre compte de ces transformations que l'évolution a imposées à l'espèce et qui ont eu pour conséquence de la modifier. L'évolution, pour eux, n'est jamais finie. Etre en bonne santé, c'est se démarquer, par ce que d'aucuns tiendront pour des excès, d'une vie monotone et croupissante. D'où, chez ceux qui pensent ainsi, une sympathie pour une éducation physique capable d'inspirer l'effort, la lutte, l'acquisition de pouvoirs corporels nouveaux.

Cette opposition n'est pas théorique. On rencontre effectivement chez les médecins deux attitudes à l'égard de l'éducation physique. Qu'on ne dise pas qu'une telle opposition cède à une pratique qui ne manque pas de concilier avec sagesse un bon fonctionnement courant de la machine corporelle avec les efforts qui lui sont demandés. Elle se rattache en effet à la divergence d'ordre philosophique, et jamais surmontée, qui sépare les médecins à propos de l'acte thérapeutique. Depuis Hippocrate les amis de la nature refusent toute drogue : le vivant se guérit lui-même. Leurs adversaires prennent plus volontiers acte des insuffisances de la nature, demandent aux médicament de les compenser. Une conciliation, ici encore, peut sembler possible : des médicaments seulement quand il le faut. Mais ce compromis ne règle rien. Une équivoque foncière demeure, assez importante en tout cas pour que subsistent deux façons de se représenter la santé et la nature de l'homme. Assez importante aussi pour qu'on puisse affirmer que ni la biologie, ni la médecine n'ont su élaborer la notion commune de santé et la transmettre à l'éducation physique sous une forme parfaitement claire et utilisable.

Quand bien même, d'ailleurs, y seraient-elles parvenues que le service rendu à l'éducation physique serait restreint. Car la santé n'est pas le seul objectif qu'elle poursuit. Peut-être même la gymnastique d'entretien qui lui fut longtemps propre s'efface-t-elle de plus en plus au profit d'une gymnastique médicale qui se présente comme le bien indivis de la médecine, de la Kinésithérapie et de l'Education physique. L'éducation physique a d'autres vues que la santé. Elle développe des qualités aussi bien morales que physiques : telles l'adresse ou l'endurance. Et, qu'il faille faire du sport un aspect de l'éducation physique ou de l'éducation physique un préalable au sport, leurs liens sont des plus étroits. Or on ne voit pas que biologie ou médecine puisse justifier la poursuite de l'adresse, de l'endurance ni d'autres qualités du même ordre. Sans doute la médecine du sport voit-elle son importance s'accroître. Le médecin impose des limites à la mobilisation des ressources corporelles, il soigne. Mais, historiquement, le sport n'est pas issu de la médecine. Le médecin accorde *a posteriori* sa bénédiction au sport en général, à tel sport en particulier. En quoi il suit l'exemple de Galien qui recommandait le jeu de la petite balle, bien antérieur à lui.

Du reste le sport comporte d'autres aspects, d'autres finalités que physiques. Négligeons, et pour cause, ce désir de moraliser qui a présidé à ses origines et qui a, depuis lors, bien cessé de l'inspirer. Il demeure que les « motivations des sportifs » sont nombreuses[1]. Et, dans la plupart des cas, l'inspiration hygiénique, même si elle est latente, coexiste avec bien d'autres.

Biologie et médecine sont bien placées pour faire illusion sur la capacité d'une science à découvrir des finalités. La raison en est qu'on tire occasion du rôle qu'elles attribuent à l'idée de santé pour leur en attribuer l'origine, alors qu'en réalité elles n'y sont pour rien et la reçoivent de l'opinion commune.

Education physique et sciences humaines

Que ces sciences soient incapables de fournir toutes ses finalités à l'éducation physique et même de préciser ce qu'il faut entendre par santé invite à penser que les sciences humaines se prêtent moins encore à dire les buts de l'éducation physique.

Assurément les sciences humaines présentent à l'heure actuelle beaucoup d'importance pour l'éducation physique. Mais peuvent-elles lui offrir autre chose que des moyens ? Le concept de normalité a peut-être pour la psychologie la même importance que celui de santé pour la biologie. Mais même si la

1. Michel BOUET, *Les motivations des sportifs,* Paris, PUF, 1969.

psychologie est amenée à réserver un champ particulier aux formes pathologiques des phénomènes psychologiques, elle se contente d'une distinction évasive du moral et du pathologique. Elle ne pourrait l'approfondir sans entrer dans des spéculations dont elle ne s'accommoderait qu'à la condition d'échapper à sa vocation propre. La normalité ne pourrait en effet être précisée sur le plan psychologique que si l'on distinguait ce qui est du domaine de la nature et ce qui relève de la culture, si des jugements de valeur intervenaient pour solidariser la normalité avec l'une ou avec l'autre. On aperçoit suffisamment, par les discussions dont la psychiatrie est aujourd'hui l'objet, toutes les divergences qui guettent le psychologue pour peu qu'il vise autre chose que des constances. La sociologie restera aussi muette que la psychologie si l'éducation physique attend d'elle l'indication de quelque finalité. Comme la psychologie, elle n'a affaire qu'à des déterminismes.

L'éducation physique n'est pas non plus une technique qui se ramènerait à une application de données scientifiques

Mais est-il nécessaire après tout, pour que l'éducation physique se réclame des certitudes scientifiques, que sciences de la vie ou sciences humaines lui proposent des fins ? En utilisant les données scientifiques, à l'insu des techniques, elle serait elle-même une technique. Elle devrait, certes, ses finalités à des considérations extra-scientifiques. Mais elle se rattacherait aux sciences dont elle serait l'application. De sorte qu'un peu de certitude scientifique glisserait en elle et s'y déposerait. Elle deviendrait comme une science appliquée.

Mais à supposer que l'on considère l'éducation comme une technique, faut-il voir dans la technique uniquement l'application d'une science ? Les choses sont sans doute plus complexes. La *pratique,* prise dans son sens habituel, concerne des domaines divers : celui de la vie courante, ceux de l'industrie, de l'art, de l'éducation physique (elle désigne alors un ensemble d'exercices) et bien d'autres. Elle désigne dans tous les cas des comportements qu'on a prévu d'accomplir et qu'on a théorisés.

Les techniques sont donc précédées d'une *théorie*, c'est-à-dire de projets qui déterminent, éventuellement sur le papier, les comportements qui, traduits en acte, deviendront la pratique.

On est tout naturellement porté à croire que la pratique procède de la théorie. C'est avant de les mettre à l'eau que Guts Muths a mis au point une méthode pour apprendre aux enfants à nager. L'ingénieur conçoit des plans ; il les réalise ensuite. En fait il est inexact que la théorie précède nécessairement la pratique. Elles interfèrent, la soufflerie rectifie l'épure. L'épreuve de la réalité supprime les projets utopiques, corrige les autres.

Mais quelque dette que la théorie contracte à l'égard de la pratique, elle est, bien davantage encore, tributaire des *savoirs* qu'elle met en œuvre et qui la rendent possible. C'est à ce titre que l'éducation physique peut se réclamer des sciences. La gymnastique d'Hippocrate était, au même titre que sa diététique, l'application de ses vues médicales. Vieth, au XVIIIe siècle, a tenté d'utiliser les données non pas d'une mais de toutes les sciences. Au XIXe, Ling prétendait tirer son inspiration de l'anatomie, alors que Demenÿ préférait en appeler à la physiologie. Il serait inexact toutefois de prétendre réduire aux seules données scientifiques les savoirs indispensables à tout technico-praticien. L'hébertisme exclut expressément l'inspiration scientifique. Et il est des bricoleurs ou de « petits inventeurs » qui ignorent les sciences. Les savoirs précèdent en principe leurs applications théoriques et pratiques.

Issue du savoir, instruite et fécondée par la pratique, la théorie a encore une autre source. Car les données scientifiques ne serviraient à rien si le désir d'obtenir certains résultats ne poussait à les utiliser. L'éducation physique, chaque fois qu'elle l'a pu, a fait appel aux sciences. Mais ce fut chaque fois pour donner vie à un projet. Et, dans sa longue histoire, nombreuses furent les *finalités* qu'elle a poursuivies. Elle a longtemps demandé au corps de réaliser les finalités de l'âme. Ensuite ce fut de s'affirmer dans ses finalités propres. L'impossibilité d'isoler le corps pour ne s'occuper que de lui la pousse aujourd'hui de plus en plus à s'inféoder à des projets qui concernent l'homme de façon plus globale et qui impliquent des normes plus ambitieuses. La multiplicité de ces projets n'explique pas seulement les difficultés qu'éprouve l'éducation physique à se définir par ses objectifs. Elle manifeste clairement que l'éducation physique emprunte en fin de compte ses intérêts à une sorte de philosophie de l'existence dont elle dérive ses objectifs.

Toute « technique » ou « pratique » est donc inséparable de trois autres facteurs : un but, des connaissances, une « théorie » (qui comporte tous les degrés de complexité et peut se réduire à un projet simple explicité dans ses détails). Ces quatre facteurs sont dans une véritable interdépendance. Si la pratique est l'accomplissement d'une intention, c'est elle qui donne à l'intention, le plus souvent générale et vague, un aspect déterminé et qui varie en fonction des moyens dont, à un certain moment, on dispose pour l'accomplir. La santé n'est qu'un vœu abstrait, une manière d'être tout idéale tant qu'elle n'est qu'une idée : la possibilité qu'elle a de se concrétiser dans la pratique est aussi, pour elle, une manière de se définir. Une phtisie légère n'empêchait pas, autrefois, un homme d'être considéré comme en bonne santé ; la maîtrise de la tuberculose a changé cette représentation de la santé.

L'éducation physique, même si on ne retient d'elle que sa technicité, même si on ne conteste pas l'importance pour elle des apports qu'elle reçoit des sciences, est donc tout autre chose qu'une simple application de ces sciences. Elle ne les prolonge pas. Ainsi partage-t-elle le sort de toutes les techniques. Il reste à ajouter qu'avec toutes les techniques, et même toutes les « sciences » de l'éducation, elle présente un cas particulier.

Comme toute éducation, l'éducation physique prend appui sur des normes qui, elles-mêmes, ont des soubassements philosophiques.

L'invention de l'automobile a été provoquée par des désirs ; un certain état de la science, des techniques, les conditions économiques, les circonstances, d'autres facteurs encore, l'ont rendue possible. Ainsi en va-t-il des autres inventions, mais, lorsqu'on a affaire à l'éducation, l'intention est commandée par des normes[1].

1. Pour éviter toute périphrase, et même s'il faut déroger quelque peu à l'usage, les « normes » désignent ici les plus hautes finalités que les hommes

L'éducateur se proposera de rendre les enfants à la nature ou de les élever à la culture. Il admettra ou non que l'homme a des droits naturels. Il recherchera une méthode d'éducation efficiente ou sacrifiera cette productivité si elle s'accompagne d'une contrainte à l'égard de l'enfance. L'éducation est donc suspendue à des normes ; et ces normes ne peuvent avoir d'autre justification que philosophique ; elles sont donc inspirées par une philosophie : leurs divergences tiennent à ce qu'elles se recommandent de philosophies elles-mêmes divergentes. Il n'est pas vrai que, comme on le dit souvent, la singularité de l'éducation vienne de ce qu'elle s'adresse à l'homme, porte sur l'homme ; toute technique, même si c'est par des voies indirectes, concerne l'homme. C'est que ses finalités et ses procédés s'inspirent, que l'éducateur en soit ou non conscient, de normes.

Qu'on tienne la philosophie pour autonome ou qu'on voie en elle une idéologie qui dénature les causes ultimes qui en provoquent l'avènement, il importe peu ici. Il importe en revanche beaucoup de constater que l'éducation tire ses normes de certains soubassements philosophiques – ses normes, c'est-à-dire ses directives majeures, celles que le comportement humain est appelé à appliquer et à respecter. La conduite d'un être n'est pas la même selon qu'il croit ou non en Dieu. La représentation que l'éducateur donne de l'homme, de sa place dans le monde, de la destinée humaine, appelle nécessairement ces attitudes à l'égard de l'enfance qu'on désigne du nom d'éducation.

Parce que l'éducation physique relève, comme son nom l'indique, d'intentions éducatives, les transformations de l'éducation physique dans ses principes et souvent dans ses pratiques sont solidaires, l'histoire en témoigne, et vont de pair avec une modification des idées éducatives. Mais l'époque contemporaine apporte le même enseignement. La méthode psychomotrice n'est pas seulement dans le privilège accordé au schéma corporel ou à certaines postures. Elle se réclame d'une certaine conception de l'éducation au reste trouble puisqu'il est possible d'y découvrir, en même temps que des thèmes puisés dans un fonds commun

se prescrivent. Ces finalités impliquent une représentation de la vocation humaine. On peut donc les dire morales, dans l'acception la plus générale du mot.

éducatif, certains traits issus des méthodes actives. D'autres attitudes se réfèrent à une conception mieux déterminée et plus orientée de l'éducation. L'appel aux activités naturelles présente autant de formes que le naturalisme pédagogique qui lui sert d'inspiration. Les points de vue divers qu'on connote, sans toujours bien les distinguer, sous l'appellation d'expression corporelle s'efforcent, par le moyen du corps, de libérer l'inconscient du refoulé qui l'habite. La psychanalyse, ou plutôt une certaine façon d'entendre la psychanalyse et d'en apprécier les incidences éducatives, les inspire. La « créativité », cette notion grâce à laquelle certains éducateurs empêchent l'éducation d'être en retard sur la mode, trouve, elle aussi, un rôle à jouer.

Ce rattachement étroit de l'éducation physique à l'éducation pourrait être poussé beaucoup plus loin ; sans doute n'aurait-on pas de peine à établir qu'à une époque donnée l'éducation physique a toujours poussé ses racines dans un terreau éducatif. L'éducation physique en reçoit la meilleure légitimation qu'elle puisse souhaiter : sans elle l'éducation dont elle est tributaire et qui l'anime souffrirait d'un manque.

Conséquences de cette référence de l'éducation physique à une théorie philosophique de l'éducation

Cependant la nécessaire référence de l'éducation physique à une théorie de l'éducation va aussi entraîner pour elle des conséquences qu'elle a le droit de trouver fâcheuses mais qu'elle ne saurait éluder. Elle ne pourra éviter d'être entraînée dans ces conflits de doctrines qui sont monnaie courante chez les éducateurs : théoriciens et praticiens. Ces conflits, parce qu'ils sont d'ordre philosophique, perdureront même si les formes sous lesquelles ils sont amenés à se manifester varient. Ce n'est pas tout. Les questions dont débattent les philosophes sont de celles qui échappent à la science : il faut vraisemblablement les tenir pour insolubles. Adossée à une philosophie, une théorie éducative en connaîtra la fragilité.

Il serait vain, dans ces conditions, de déclarer qu'il faut bien que l'une des orientations éducatives opposées soit vraie et de rechercher laquelle. Il serait aisé, si c'en était ici le lieu, de montrer l'équivoque des notions (nature, culture, développement, adaptation, etc...) dont se recommandent les théoriciens et de dénoncer les méthodes dont ils usent pour établir les finalités les plus hautes, celles que les finalités secondes postulent, même si elles n'en découlent pas déductivement. D'ailleurs, quel sens pourrait avoir l'affirmation que telle ou telle finalité est vraie? Impossible de dire d'une norme qu'elle est inscrite dans la nature des choses. La notion de vérité, quelque représentation qu'on se fasse d'elle, ne vaut que pour des faits – non pour des valeurs.

Ceux qui, en la circonstance, prétendent, si l'on peut dire, assigner de façon objective des objectifs à l'éducation et à l'éducation physique s'abusent. Quand tel auteur affirme, entre autres propositions destinées à servir de soutènement scientifique que « la société existant pour l'homme et non l'inverse, celui-ci garde la primauté », ignore-t-il que nombreux sont ceux qui ont pensé avec Auguste Comte et non sans raisons sérieuses que l'homme n'est qu'une abstraction opérée sur la société qui, seule, existe ? Il a le droit de n'être pas d'accord avec eux. Il est incapable de les réfuter – et aussi d'asseoir sur des bases chancelantes autre chose qu'une théorie éducative incertaine.

Tentatives pour établir une hiérarchie entre les théories de l'éducation physique

Cette impossibilité d'atteindre, voire de concevoir, la vérité dans le domaine de l'éducation physique et, plus généralement, de l'éducation est de nature à inquiéter. Faudra-t-il tenir toutes les doctrines de l'éducation physique, si opposées soient-elles, pour équivalentes ? Renoncer à choisir entre elles sinon dans l'arbitraire ?

On peut rouler en voiture pour des raisons utilitaires ou pour son plaisir. On construira une maison pour en faire un lieu de commerce, pour l'habiter ou pour la louer. Des intentions différentes convergent dans ces différents cas pour donner lieu à une action similaire. Ainsi en va-t-il de l'éducation. Entre les principes et les aboutissements des systèmes éducatifs se situe une sorte de zone médiane commune. Après tout les éducateurs physiques s'entendent sur les buts qu'ils se proposent à courte ou moyenne échéance.

Leur accord de fait se trouve d'ailleurs préparé par une semblable formation et presque imposé puisque leur employeur, l'Etat, leur assigne les mêmes fonctions.

On peut même aller plus loin dans la recherche d'une unification. En effet, les doctrines en lesquelles s'expriment les diverses façons de concevoir et de pratiquer l'éducation physique peuvent être appréciés en fonction de certains critères et hiérarchisées. C'est d'ailleurs ce qui se passe communément. Certaines vues imposent, plus que d'autres, leur vérité qui devient ainsi une vérité admise. Il y a de « grandes » doctrines en éducation physique. On les reconnaît à partir de trois critères.

Tout d'abord l'*information.* En prenant les choses à la rigueur, c'est au seul niveau de son information qu'on peut parler de la vérité ou de la fausseté d'une conception de l'éducation physique. Certaines sont pauvres en savoir. Elles apparaîtront étroites et incertaines.

On donnera le pas sur les autres à une théorie capable d'embrasser, de coordonner ses éléments de façon plus harmonieuse. La *cohérence* est chose primordiale. Non qu'il faille dans tous cas refuser l'éclectisme. Mais il faut distinguer. On le proscrira s'il est additif, met bout à bout des idées et des exercices ici et là. Mais l'éclectisme n'est pas blâmable s'il est dominé, si le particularisme qui s'exprime chez différents auteurs cède la place à une vue plus ample et synthétique qui permet de rassembler ce qui se trouvait éparpillé, si les contradictions apparaissent factices au regard d'une inspiration nouvelle. En ce cas, il est sain.

Enfin, il va de soi que, si le propre d'une théorie est de s'accomplir dans la pratique, *l'efficacité* est à prendre en haute considération dans le choix d'une éducation physique.

On pourrait penser que le triple sceau de l'information, de la cohérence, de l'efficacité suffiit à conférer à l'éducation physique un brevet de positivité, donc de vérité. Elle refuserait tout ce qui donne lieu à contestation, ne ferait appel qu'à des données scientifiques ou à tout le moins, incontestables. Ce désir de positivité s'exprimerait dans cette vocation, qui définit aussi l'éducation physique : « développer l'ensemble des capacités corporelles »[1]. Une telle définition n'est pas inexacte. On peut même, pour ne pas être accusé d'ergoter à son propos, accepter d'oublier ce que les notions de corps, de capacité, et développement peuvent avoir d'ambigu. Est-il possible de méconnaître que des « capacités » ne se développent pas dans l'abstrait à l'état isolé ? Ces capacités sont-elles celles qu'appellent la réussite et le triomphe dans le jeu ? En ce cas, qui est fréquent, on s'expliquerait que l'éducation physique aille se perdre dans le sport et que ses enseignants ne soient que des entraîneurs. Sont-elles destinées à servir de parure à un Apollon, « plus bel homme de l'année », qui fera reluire, aux yeux des foules des muscles bien graissés ? L'éducation physique ne serait plus que pratique de la « gonflette ». Alors à quelles fins ces capacités corporelles ? La définition qui voit en elles les objectifs de l'éducation doit le préciser : il faut donc la compléter. Ce que n'hésiteront d'ailleurs pas à faire ceux qui ont le souci d'une éducation physique positive.

Ils diront que « l'éducation physique doit permettre à un individu de développer l'ensemble de ses capacités et d'en intégrer les composantes dans un contexte éducatif global qui vise à un épanouissement général »[2]. Ils ajouteront que chaque individu « doit pouvoir librement enrichir son inné par les acquis successifs de son expérience vécue, développer ses aptitudes pour se constituer un ensemble de capacités qui le mette en harmonie avec son environnement »[3].

Il est facile de voir que le complément, justement apporté à ce qui aurait pu être une définition « positive » de l'éducation physique en vue d'en marquer la spécificité, en modifie le contenu. On ne s'attardera pas sur cette obligation (« doit ») qui se trouve imposée à l'éducation physique, sur le devoir qu'on la conduit à assumer, encore qu'il s'agisse là, à y bien regarder, d'une croyance en la mission éducative de la société qui exprime

1. Il ne s'agit pas là d'une citation, comme la suite le montrera. Nous avons seulement voulu caractériser une définition-limite de l'éducation physique.

2. Claude Louis Gallien dans les très remarquables développements qu'il consacre au problème de l'inné et de l'acquis in *E.P.S.* n'1/7, mai-juin 1979, p. 11.

3. *Ibid.*, p. 13.

des vues «politiques». Mais on ne peut pas ne pas souligner que l'éducation physique cesse, dans la perspective de la définition qu'on en donne, d'être caractérisée par le seul développement de qualités corporelles : ce développement est maintenant commandé (comment pourrait-il en aller autrement?) par une certaine façon d'entendre l'éducation à un moment et dans un ensemble («global») donnés, ce qui implique la réalité d'un consensus. Mieux : alors qu'on aurait pu en rester là et se contenter d'une référence qui engage aussi peu, l'éducation se trouve caractérisée par une tentative pour faire s'épanouir toutes les capacités d'un être et non pas seulement ses capacités physiques[1]. C'est pour le coup qu'on se scandalisera ou qu'on se réjouira mais que, de toute façon, on s'étonnera de la façon dont une approche, répétons-le : très sérieuse, de l'éducation ne manque pas de rejoindre les problèmes philosophiques.

Il n'est pas d'éducation physique strictement positive

Nous parlions tout à l'heure des soubassements nécessairement philosophiques de l'éducation. On aurait pu nous reprocher alors une analyse trop abstraite ou le choix d'exemples favorables à notre point de vue. Mais voici qu'une toute autre preuve vient attester l'impossibilité d'une éducation physique philosophiquement neutre. Cette neutralité, même justifiée par le désir d'éviter des débats qui échapperaient aux prétentions de l'éducation physique, est impossible. Il devient avéré qu'il n'est pas de définition de l'éducation physique qui demeure étrangère à des préoccupations qu'on n'a pas accoutumé de tenir pour positives. L'éducation physique en mourrait.

Une éducation physique strictement positive, ce qui veut dire soucieuse de s'en tenir exclusivement aux faits et aux lois scientifiques ou incontestables, ne serait pas une éducation physique. Pas plus que l'éducation, à laquelle elle se rattache, l'éducation physique ne peut se définir en termes de vérité ou d'erreur. Et qu'on ne voie pas en ce trait une tare. Il rend manifeste la présence en elle d'un souci profond et indéracinable : celui d'assigner aux hommes des buts, de leur découvrir une vocation.

1. Point de vue que son optimisme à l'égard de la nature humaine rend bien discutable

CHAPITRE CINQ

AGON, LUDUS, JOCUS ET SPORT[1]

Les définitions du Sport n'échappent pas à une grave difficulté. Ou bien elles partent d'une conception préconçue du Sport qu'elles ne font qu'exprimer, attitude indue qui conduit à s'arroger le droit de décider si telle conduite est ou non sportive. Ou bien elles rassemblent tout ce à quoi est le plus couramment accolé le nom de Sport et en recherchent les traits communs. Mais c'est s'asservir à une façon courante de parler dont nulle justification n'a été donnée.

Dans un cas, le Sport se trouve défini d'emblée, comme a priori, sans souci des disciplines qu'il est appelé à connoter. Dans l'autre cas, on a le souci de ces disciplines, mais on ne peut les tenir pour des sports sans accorder au langage un crédit qu'il ne mérite pas, d'autant que tous ceux qui le parlent ne s'accordent pas toujours sur les significations des mots.

En somme, la compréhension des concepts ne peut pas ne pas renvoyer à leur extension, qui, elle-même, renvoie à leur compréhension. Il n'y a pas là cercle vicieux pour autant que l'une ou l'autre ne présente pas de difficulté. Il n'en va pas ainsi dans le cas du Sport dont le sens et l'extension sont discutés.

Seul un recours à l'Histoire peut éviter de telles contradictions. A condition toutefois d'user de précautions :

1. Article paru dans *Science et Motricité*, n°6, Novembre 1988, p. 3-7.

• Il est inacceptable d'employer, pour définir un trait du comportement d'une époque, tel qu'elle se le représentait, un mot qu'elle n'employait pas encore. Ainsi ne faut-il pas parler de sport à propos de la gymnastique des Grecs.

• Il faut tenir compte – une fois apparu un mot, tel celui de *sport* – des transformations qu'éventuellement son sens connaîtra. Ainsi le mot *desport,* dont celui de sport dérivera, existe déjà au XIIe siècle : on le rencontre en 1160 dans le *Roman d'Eneas*. Il signifie divertissement (fête ou jeu) et aussi manière d'être du corps. Mais le sport, tel que nous l'entendons aujourd'hui, n'est apparu que plus tard.

Les Grecs n'ont pas été les premiers à jouer ni à pratiquer les exercices physiques[1]. Reste que d'une manière le Sport moderne procèdera d'eux. Mais il faut voir de quelle façon.

Gumnazein, c'est originellement,se mettre à nu pour pratiquer les exercices du gymnase. L'exercice physique porte le nom de *gumnasia*. On appelle *gumnastikè* (gymnastique) la technique des exercices physiques. Ceux-ci sont au nombre de cinq : la course à pied, le saut en longueur, le lancement du disque, celui du javelot, la lutte. S'y ajouteront la boxe et le pancrace composé de boxe et de lutte. La gymnastique répond à des intentions diverses : médicale, guerrière, éducative. Nous ne retiendrons que la gymnastique éducative, celle qui a toujours constitué chez les Grecs un aspect de l'éducation. Elle se justifie à leurs yeux parce qu'une éducation soucieuse d'assurer aux hommes libres l'accomplissement le plus achevé de leur être (*arétè*) ne peut que s'adresser à l'homme tout entier, corps et âme.

L'*arétè* du corps est dans la capacité d'accomplir, sous leur forme la plus élevée, les exercices physiques dont il vient d'être question. Mais aucun ne peut prendre la mesure de sa perfection corporelle qu'à la condition de la confronter à celle des autres.

1. Les jeux des «*primitifs*» consistent à mimer des institutions révolues. Ils se proposent aussi de favoriser récolte, chasse ou pêche : en ce dernier cas, ils sont dits zoomimétiques. Ils sont en relation étroite avec la religion et se particularisent en fonction des groupes qui constituent les différentes sociétés.

Une telle confrontation ne laisse pas d'être un affrontement, un combat ou *agôn*. Dans les gymnases, sous la direction d'un pédotribe pour les jeunes, puis sous celle d'un *gumnastès* pour les plus âgés. l'*agôn* est par excellence moyen d'entraînement. Et les grands concours qui opposent les athlètes les plus réputés, venus de la Grèce tout entière, à Olympie, Delphes. Némée ou dans l'isthme de Corinthe sont aussi des *agonès*

Les Grecs n'ont jamais considéré les *agonès* comme des jeux. Le jeu, *païdia* est, pour eux, exclusivement réservé aux enfants. L'expression courante « Jeux olympiques » n'existe pas dans la langue grecque. Les épreuves qui se déroulent à Olympie sont dites *ta Olumpika,* expression qu'on traduirait assez bien par « les choses d'Olympie » ou « les Olympiades ». Ces épreuves, ces *agonès,* ont une origine guerrière. Sous une forme quelque peu adoucie, ils sont ensuite pratiqués dans les gymnases et sur les stades, opposant des hommes dans une lutte quelquefois meurtrière.

Les *agonès*, exercices physiques des Grecs, ne sont donc pas ce que les Romains appelleront *ludi* : des Jeux destinés à procurer du plaisir. Ni les acteurs, ni le public d'Olympie ne sont là pour leur plaisir. Les uns sont tendus avec une violence véritablement guerrière vers une victoire qu'ils convoitent et à laquelle ils se préparent depuis longtemps, porteurs des espoirs d'une ville, de toute une contrée. Les spectateurs, eux, vivent la compétition dans l'angoisse : seuls quelques-uns auront l'occasion de se réjouir de son issue.

La victoire est vouée aux dieux : ils en auront été finalement les artisans. L'issue des *agônès* est en effet révélatrice des dispositions bonnes ou mauvaises des dieux à l'égard d'une cité

Si le jeu *(païdia)* est pour les Grecs un comportement enfantin, les Latins pensent qu'il concerne aussi les adultes. Ils lui ont donné dans leur vie une très grande importance.

Il existe à Rome des jeux qu'on peut dire individuels : on joue aux dés, ancêtres des jeux de hasard[1], aux osselets, aux

1. « Avant de signifier le hasard, *alea* désigne un petit morceau d'os ou d'ivoire, de figure cubique. Les jeux de hasard, quoique interdits, étaient très

« latroncules » « sorte de jacquet dont les pions figuraient des soldats »[1]. Les jeux existent aussi sous forme de manifestations populaires collectives d'inspiration religieuse[2]. Les Etrusques, les premiers, peut-être, y introduisent des compétitions[3] qui, plus tard, feront progressivement place à des programmes de cirque : des gladiateurs s'affrontent d'abord, les hommes seront ensuite opposés aux bêtes féroces.

En 80, l'inauguration du Colisée est « accompagnée de cent jours de jeux qui rassemblèrent toutes sortes de spectacles : chasses, combats d'hommes et d'animaux, batailles navales, courses, duels de gladiateurs »[4]. Quoiqu'on les oublie souvent, lorsque l'on songe au jeu, la présence de spectateurs en est un aspect essentiel qui surajoute a l'action des joueurs une façon plus passive de jouer. Cet aspect du jeu prend rapidement à Rome une importance très grande pour la satisfaction de tous ceux qu'attire la recherche d'un plaisir assez trouble. A telle enseigne que le jeu est rapidement dénaturé. Les professionnels remplacent les authentiques joueurs, les vaincus sont jetés aux bêtes. Les cirques, où les chars s'étaient affrontés, font alors place aux amphithéâtres, capables de contenir un plus grand nombre de spectateurs. « Les jeux étaient devenus une nécessité politique, un moyen pour l'Empereur d'occuper les loisirs de la plèbe urbaine et de satisfaire tant bien que mal ses instincts de violence »[5].

Ainsi dégénèrent les *ludi*. Jeux, ils ne le sont plus que pour des spectateurs et même des spectateurs dépravés. L'attente

pratiqués. Auguste lui même ne se faisait pas faute d'y jouer jusque dans sa litière ». (Grimal, *La civilisation romaine*, Paris, Arthaud, 1960, p. 295).

1. « Tous ces jeux ne manquent pas de nous suggérer les plaisirs du petit peuple, des joueurs accroupis autour de leurs damiers, des spectateurs commentant les coups ». (Grimal, *op. cit.*).

2. Cf. texte de Denys d'Halicarnasse. *In* Berger et Moussat, *Textes sportifs de l'Antiquité* Paris, Grasset, 1927, pp. 155-156.

3. « Des fêtes, les Romains en connaissaient avant l'installation de la dynastie étrusque, avant l'occupation étrusque. Mais ce sont ces derniers qui, sur le plan sportif en tout cas, ont effectivement organisé ces manifestations, en ont complété et renforcé le contenu ». (J.-P. Thuillier, *Les Jeux athlétiques dans la civilisation étrusque*, Ecole française de Rome, 1985, p. 700).

4. Grimal, *op. cit.*

5. *Ibid.*

d'une jouissance sadique a remplacé le défi que le jeu adresse à l'adversaire et jusqu'à l'avenir.

La Grèce a pu pratiquer les *agônès* sans voir en eux des jeux. Rome, au contraire, les tient pour des jeux, mais elle abandonne progressivement ces jeux-là pour des satisfactions qui ne procèdent pas d'une pratique effective mais consistent seulement dans la jouissance qu'un spectateur trouve à voir d'autres que lui risquer la mort et finalement succomber.

Des hommes du Moyen Age on a pu dire que « leurs seules joies profondes et désintéressées, c'est la fête et le jeu » [1]. Mais le nom de *ludus* a cessé de caractériser le jeu qu'ils pratiquent. C'est celui de *jocus* qui le remplace désormais. Le changement n'est pas seulement verbal. Il correspond à une transformation du jeu lui-même.

Le christianisme a aboli les *ludi* païens. Le plaisir du jeu est assujetti au respect des règles morales. Moyennant quoi, le jeu s'insère dans tous les comportements sociaux. « Au château, banquets, tournois, spectacles de trouvères, jongleurs, danseurs, montreurs d'ours se succèdent. A la ville, les tréteaux se dressent sur les places et ce sont les 'jeux de feuillée' » [2]. Le jeu pénètre même les cérémonies religieuses : elles sont fêtes et « du drame liturgique sort le théâtre tout court » [3]. Les pièces de théâtre sont initialement des Jeux. Le jeu est donc devenu très différent du *ludus*. Il désigne tout comportement auquel il est demandé de sortir les hommes de la banalité et de la grisaille.

Au Moyen Age l'éducation ne fait pas appel au jeu. C'est que, comme l'enseigne la Bible, comme l'affirme Saint-Augustin, l'enfant est foncièrement mauvais. Le naturalisme de la Renaissance refusera ce point de vue et son attitude entraînera d'importantes conséquences. Quintilien avait déjà dit la nécessité pour l'éducateur de ne pas entraver cet instinct de jeu que l'enfant porte en lui : il convient de le favoriser mais sous

1. Le Goff, La civilisation de l'occident médiéval, Paris, Arthaud, 1964, p. 444.

2. *Ibid.*

3. *Ibid.*

certaines conditions[1]. Le naturalisme ira plus loin ; le jeu de l'enfant va prendre bientôt une valeur fonctionnelle et intervenir à ce titre dans l'éducation. Rabelais consacre tout un chapitre à la seule énumération des jeux auxquels s'adonne Gargantua[2].

Comenius déclare le jeu nécessaire à l'enfance[3].

Le précepteur, dont Locke fixe les traits, veillera à ce que l'enseignement ne soit pas pour son élève une contrainte mais une distraction[4]. Pour Rousseau, le jeu ne développe pas seulement des qualités corporelles[5]. Montrons à l'enfant, pour son amusement, comment « un joueur de gobelets attire avec un morceau de pain un canard de cire flottant sur un bassin d'eau »[6]. Le jeu lui aura permis de comprendre cette propriété physique qu'est l'aimantation. Les éducateurs accorderont toujours davantage aux enfants le droit de jouer et auront tendance à considérer, comme Kant[7], que la plupart des jeux enfantins concernent le corps.

L'opinion se répandra de plus en plus de l'indispensabilité d'une éducation physique. Corps et âme sont distincts, mais l'un dépend de l'autre. Le corps mérite donc d'être éduqué au même

1. « Le goût du jeu, chez les enfants, n'est pas de nature à me choquer ; c'est un signe de vivacité et je ne pourrai pas espérer que cet enfant, triste et toujours abattu, montre de l'activité pour l'étude puisque, même au temps de cette fougue si naturelle à cet âge, il reste languissant ». (Quintilien, *Institution oratoire*, trad. Bornecque, Paris, Garnier, vol. I, p.10).

2. Gargantua, chap. XII.

3. « Pour rendre l'instruction agréable, il conviendra d'appliquer une méthode tout à fait pratique et attrayante qui transforme l'école en une sorte de jeu et en fasse une charmante ouverture de toute la vie ». (Jean-Amos Comenius – La Pompaedi, chap. 5, § 28, trad. Tenora. *In* : Pages Choisies, introd. de J. Piaget, Editions de l'UNESCO, p. 168.)

4. *Quelques pensées sur l'éducation,* trad. Compayré, Paris, Vrin, p. 206.

5. *Emile,* Paris, Garnier, p. 158.

6. *Emile*, *op. cit.*, p. 193, il s'agit d'un tour de foire utilisant l'aimantation entre des morceaux de fer cachés dans les objets.

7. *Réflexions sur l'Education*, trad. Philonenko, Paris, Vrin, pp. 103-108.

titre que l'âme[1]. Cette éducation corporelle sera conçue sous la forme « d'exercices », terme dû à Hippocrate et devenu ensuite caractéristique du comportement de ceux qui pratiquent la gymnastique. Il arrive aussi que ces exercices soient mal distingués du jeu[2].

C'est au XVIIIe siècle seulement que l'éducation physique trouvera vraiment ses théoriciens. Ils lui assigneront un but, imagineront exercices et méthodes qui doivent permettre de l'atteindre. Gutsmuths est le plus grand de tous.

Au début du XIXe siècle, le sport n'est pas encore né. Il semble pourtant que tout ce qui le constituera existe déjà. Des compétitions sont organisées.

Elles obéissent à des règles admises. Elles procurent le genre de plaisir qu'on en attend. Pratiquées à l'origine par la noblesse, la gentry puis le peuple s'en sont saisi. Le nom même de sport sert à les désigner. Mais un facteur manque pour que le sport se distingue des jeux communs, ceux des festivités ou de l'après-boire et atteigne sa forme achevée. Il faut que des principes moraux se surajoutent ou plutôt s'incorporent à la compétition et à la joute. On pensera sans doute qu'avant le XIXe siècle, déjà, les compétitions obéissaient à des normes de bonne conduite. Il est vrai que la tricherie était proscrite, que le rival ou l'adversaire n'était pas considéré comme un ennemi. Mais il s'agit là de normes que la morale, la civilité imposaient au jeu de l'extérieur.

Au lieu que le sport va sécréter ses propres principes moraux. On méconnaîtrait la véritable nature du sport, en effet, si l'on s'imaginait qu'il tient d'ailleurs que de lui-même ses

1. « Mes enfants, comme le corps et l'âme se forment et s'élèvent tous deux ensemble, il faut tâcher aussi, suivant ce même ordre, de les perfectionner de compagnie. C'est pourquoi je serais d'avis, quoique l'usage commun soit au contraire, que vos exercices et vos études se fissent en même temps » (Fortin Sieur de La Hoguette, *Testament ou conseils fidèles d'un bon père à ses enfants*, 1679, 4e éd., pp. 118-119).

2. « Des jeux, ceux qui ne sont point sédentaires, comme la longue et la courte paume, le mail et le ballon, sont plutôt exercices que jeux, qu'on aime ou qu'on néglige selon l'âge, la disposition qu'on y a, ou selon que l'on s'y donne ». (Fortin Sieur de la Hoguette, *op. cit*).

propres exigences morales. On laisserait échapper ce qui fait son originalité.

Hume énonçait en 1751, dans son *Enquête sur les principes de la morale*, l'idée que le bien n'est autre chose pour les hommes que ce qui leur est utile. Cette «pensée si culturelle» : «attribuer à leur utilité la louange que nous accordons aux vertus sociales»[1], il la retrouvait en tous domaines. Et notamment dans celui du sport. «Nous pouvons observer», dit-il, «que les hommes ne peuvent même pas se tuer les uns les autres sans statuts ni règles, ni idée de justice et d'honneur. La guerre a ses lois aussi bien que la paix; et même ce genre sportif de guerre que pratiquent les lutteurs, les boxeurs, les escrimeurs au bâton et les gladiateurs est réglé par des principes fixes. L'intérêt commun et l'utilité commune engendrent infailliblement un étalon du bien et du mal dans les milieux intéressés»[2].

C'est expliquer l'existence de groupes par la communauté des intérêts des individus qui les constituent. Une théorie qui a marqué profondément l'Angleterre au début du XIXe siècle et durant la majeure partie de ce siècle ira plus loin : elle fera de l'utilité commune le fondement de la société et affirmera qu'il n'existe pas de distorsion entre l'utilité particulière et l'utilité générale. Les citoyens d'un Etat, s'ils sont conscients de leur utilité propre, ne peuvent poursuivre leur utilité particulière sans poursuivre l'utilité générale, et encore moins la poursuivre contre elle. Le libéralisme s'ensuit : il proclame l'étroite coïncidence entre l'intérêt propre et l'intérêt général. Impossible de rechercher l'un sans viser l'autre. Ce qui est utile à l'abeille est utile à la ruche, Sous l'une ou l'autre de ses variantes, d'Adam Smith à John Stuart Mill, l'utilitarisme a inspiré la politique et l'économie anglaises. Il ne semble pas aventureux de voir dans l'utilitarisme et le libéralisme qu'il inspire un des facteurs les plus importants de l'avènement du sport. On sait que la genèse du sport est souvent attribuée à Arnold. Il aurait constaté que le jeu est le moyen d'intéresser même les plus récalcitrants des élèves. Les élèves, devenus joueurs, sont, sur le terrain, autrement plus réceptifs à une éducation morale que lorsque,

1. Trad. Leroy. Paris, Aubier, p. 67.
2. *Ibid.*

enfermés dans leur salle de classe, il leur faut subir des discours édifiants.

Cette interprétation des «origines du sport» ne paraît pas tout à fait exacte. Sans doute le sport a-t-il, pour Arnold, un rôle moralisateur, mais pour d'autres raisons. Et ces raisons sont inspirées par l'idée, utilitariste et libérale, d'une coïncidence entre intérêt individuel et intérêt collectif. Appliquée au jeu sportif, cette idée aboutit en effet aux deux conséquences suivantes :

- à l'intérieur d'une équipe, les intérêts particuliers ne peuvent être discordants puisqu'ils tendent tous à la victoire.
- la diversité des groupes particuliers, leur concurrence, pour parler le langage de l'économie, ne font pas d'eux des ennemis. Jusque dans leur affrontement et par leur affrontement même, ils poursuivent leur intérêt commun : la qualité d'un jeu auquel il est demandé, avant tout de perfectionner des qualités physiques. Or, il n'y a de jeu véritable que si l'adversaire n'est pas empêché, si les règles sont respectées. Le tricheur a pensé trouver son intérêt dans un procédé déloyal. Il ne gagne pas vraiment une course qu'il a faussée et qui n'est donc plus une course.

Ainsi le sportif est-il amené à reconnaître – par expérience – que la morale est condition du Sport. Mais encore est-il nécessairement porté à étendre à la société tout entière les observations que la pratique du sport lui aura suggérées. C'est seulement ainsi que le Sport peut être et est effectivement une école de morale.

Le sport britannique prend maintenant sa pleine signification.

1. Il est un jeu et ce jeu s'inscrit dans la ligne du *jocus* du Moyen Age.

Une théorie du jeu serait chose complexe. Il n'est heureusement pas nécessaire de s'y employer dès lors qu'il s'agit de caractériser le jeu sportif. Il répond à la définition que Littré donne du jeu : il est l'«action de se livrer à un divertissement, à une récréation». Le mot anglais *desport,* synonyme de divertissement, le caractérise bien. « Se divertir » c'est « se détourner » de ses occupations, de tout ce qui rend l'existence monotone, triste, pénible.

2. Le jeu sportif n'est pas n'importe quel jeu. C'est une compétition et cette compétition se déroule sur un plan physique et est soumise à des règles.

Le sport britannique ne pouvait évidemment qu'adopter en premier lieu des compétitions qui favorisent les gestes les plus « naturels », les comportements les plus spontanés, tels que courses, saut, lancers, lutte. D'un point de vue plus guerrier que ludique, l'athlétisme grec n'en usait pas différemment. Le Moyen Age avait, nous le savons, connu aussi des compétitions, les unes guerrières, réservées à la noblesse, les autres plus populaires dont le sport britannique s'est, de préférence, inspiré en les complétant par des jeux nouveaux.

L'originalité très remarquable de la compétition telle que la conçoit le sport britannique est d'avoir mis en valeur l'idée de record. En Grèce les compétitions étaient des confrontations. Et la confrontation exigeait la présence, au même moment et en un même lieu, de tous ceux qui disputaient la même épreuve dans un même stade. On gardait le souvenir des vainqueurs mais on ne les comparaît pas en vue de désigner le vainqueur des vainqueurs. Au reste, comment faire autrement, s'agissant de la lutte ou du pancrace ? Mais, même pour les autres disciplines, les Grecs ne se préoccupent pas de confronter des performances éloignées dans l'espace et dans le temps. Le souci du record a exigé d'abord cette croyance que les performances humaines n'ont pas de limite – c'est-à-dire une véritable philosophie de l'homme. Et c'est grâce au mètre, au chronomètre, à la mémoire des hommes, que des adversaires séparés par la distance et le temps ont pu entrer en compétition

3. Jeu et compétition réglés ne sont pas les seuls objectifs du sport britannique naissant. En jouant, le sportif ne poursuit pas que la victoire. Il se propose encore des finalités plus lointaines et moins éphémères. Il a en vue le perfectionnement de ses capacités naturelles, de ses techniques et de sa conduite morale.

On peut même penser que le sport en développant l'« intelligence du jeu » favorise une « intelligence concrète ».

Nul facteur sociologique, si important soit-il, n'est jamais isolable des autres faits sociaux. En même temps qu'il les marque, il en subit l'influence. Le sport, phénomène social, n'échappe pas à cette nécessité. Elle le contraindra à se modifier ; on pourrait même penser qu'elle en changera les traits. Il sera commode de rattacher les transformations du sport à la diversité des influences qui se sont exercées sur lui.

Le sport britannique, nous le savons, sinon à son prime début du moins dès que l'intervention d'Arnold en fixe les traits, a parti lié avec l'utilitarisme. C'est ainsi qu'on lui attribue le mérite d'être comme la justification patente d'une théorie en laquelle le libéralisme se reconnaît alors.

Mais l'utilitarisme ne tarde pas à présenter des difficultés que le sport même contribue à révéler. Dans les compétitions de tous ordres, tant sportives que sociales, il est visible que les intérêts des uns et des autres ne sont pas les mêmes et qu'ils se heurtent. Il n'est pas de groupe, si uni soit-il par des intérêts communs, qui ne connaîtra des dissensions. Un homme, une équipe ne triomphent qu'à l'encontre et au détriment d'adversaires. La morale utilitariste étant confondue avec cette thèse que l'utilité des uns est aussi celle des autres, la mise en cause de ce principe conduit à réviser l'idée d'un rôle moralisateur du sport.

De là on glisse facilement à l'idée que le sport n'a rien à voir avec la morale. Dès lors les luttes sportives deviennent plus âpres. On devient de plus en plus porté à admettre que la victoire vaut bien qu'on en prenne à son aise avec les règlements.

Ceux-ci, d'ailleurs, qui, à l'instar des Grecs, associaient sport et amateurisme, vont faire une place au professionnalisme. Bien des facteurs ont contribué à faire rejeter l'idée que le sport doit s'accompagner de désintéressement et, par conséquent, proscrire le professionnalisme. La soif de prestige des clubs, les avantages de tous ordres qu'ils escomptent ne sont pas seuls en cause. Il est certain, étant donné l'importance que le sport a acquise peu à peu, qu'un Etat, ou un gouvernement ont intérêt, s'ils veulent se faire valoir à l'étranger et auprès de leurs nationaux, à favoriser des victoires génératrices pour eux de prestige. Les athlètes sont, par ailleurs, d'excellents vecteurs de publicité. Mais il faut observer que le professionnalisme n'aurait pas acquis l'importance qui est la sienne, la recherche dont il fait l'objet de la part de jeunes athlètes doués, s'il n'était justifié par des considérations qu'on peut bien dire morales. Les gestes sportifs exigent non seulement des dons naturels mais une mise en œuvre longue et difficile. Un sportif, s'il est de haut niveau, a dû, même doué, beaucoup travailler. Pourquoi cette peine, ces efforts ne seraient-ils pas rétribués, au même titre que tout travail ? A quoi s'ajoute l'idée que l'athlète qui apporte à son club, voire à son pays, gloire et profit ne saurait lui-même en être frustré. Cette modification dans les jugements de valeur n'a rien qui doit surprendre ou étonner. L'histoire a connu bien d'autres révolutions de même ordre. Les comédiens honnis et méprisés il y a trois siècles sont devenus aujourd'hui, pour nombre de spectateurs, des « idoles ».

Les idées morales concernant le sport n'ont pas été seules à changer et à transformer les conditions de ceux qui en sont les acteurs. La représentation même que l'on se fait du sport s'est modifiée. Le sport a naturellement attiré les foules. Il s'est ainsi rapproché du spectacle et présente maintenant une double face. Le sportif est l'athlète dont on admire le jeu mais il est devenu aussi celui qui, sans pratiquer aucun sport, trouve son plaisir ou, simplement, se désennuie au spectacle assidu d'épreuves et de jeux sportifs. Le *ludus* a rejoint l'*agôn.*

Il s'agit bien en effet d'un retour du *ludus* romain qui a, peu à peu, supplanté, pour le joueur lui-même, et non pas seulement pour le spectateur, le *jocus*. Le sport s'est donné, à son origine, pour une distraction, un amusement. Ainsi les joueurs l'éprouvaient-ils : ils recherchaient dans la joie un abandon de la vie courante et de ses contraintes monotones. Il n'est pas sûr qu'aujourd'hui cet amusement, les sportifs, même amateurs l'éprouvent toujours : l'entraînement, la compétition se font dans la peine, ont des exigences qui obligent à bien des renoncements. Les professionnels, même s'ils peuvent se livrer sans déplaisir à un sport, ne le pratiquent sûrement pas en raison du seul plaisir qu'ils en attendent. Ils sont payés pour «jouer». Le mot jeu perd alors la signification qu'il possédait. De subjectif qu'il était, le «jeu» s'objective. Il ne se confond plus avec le vécu d'un certain sentiment dont l'analyse ne va d'ailleurs pas sans difficultés. A présent, le jeu est confondu avec l'ensemble des comportements que les uns et les autres ont au cours d'une partie (le jeu a été heurté, limpide...). Il n'est plus besoin, pour «jouer» – bien ou mal – d'éprouver le sentiment du jeu.

Il n'y a pas de sport sans technique. On peut définir la technique comme un ensemble de procédés imaginés par les hommes en vue d'atteindre avec plus de commodité, ou parce qu'elle ne pourrait pas être atteinte autrement, une certaine fin. La technique est consubstantielle à la vie des hommes : le primitif qui projette une pierre sur un adversaire use déjà d'une certaine technique.

Il est donc inévitable que la gymnastique puis le sport fassent appel à des techniques. Les unes seront des recettes : comment être ménager de son souffle ? Quelles prises sont les plus efficaces pour un lutteur ? Les autres seront instrumentales : il s'agira en ce cas de savoir user d'un outil, par exemple d'une épée, d'un ballon.

L'appel contemporain à la technique ne constitue donc pas, apparemment, un changement significatif dans l'évolution du sport. Cependant les choses ont changé. Lorsqu'un coureur cycliste appuie sur les pédales pour devancer un concurrent, nul doute qu'il ne fasse du sport. Mais pourquoi appeler sport une compétition qui oppose des autos, des navires, des avions ? La compétition ne met-elle pas aux prises des moteurs plutôt que des hommes ?

Il apparaît qu'en pareil cas le sport a perdu quelques-uns de ses traits essentiels ou, ce qui revient au même, en a gagné d'autres. Non qu'il faille oublier tout ce que le pilotage d'engins dangereux exige de courage, de résistance, de savoir-faire. Ni même qu'il faille refuser le nom de sport à des épreuves telles que celles dont nous parlons : ce sont des compétitions, elles obéissent à un règlement minutieux, ceux qu'elles opposent doivent faire preuve de qualités tant physiques que morales. Mais ces sports présentent des caractères par lesquels l'image du sport classique se trouve altérée.

D'abord les rapports des hommes et de la technique ont changé. L'objet technique demeure toujours un moyen mais il est devenu comme animé : le moteur propulse l'auto, le vent enfle les voiles du navire. Quel rôle reste-t-il à l'homme ? Celui de servir la technique bien plus que de s'en servir.

En outre la technique moderne a éliminé du Sport cet affrontement qu'on pourrait dire corps à corps qui le caractérisait auparavant sous toutes ses formes, dans tous ses comportements.

Cette incidence des changements techniques sur le sport, l'étroitesse de leurs rapports justifie-t-elle qu'on aille jusqu'à identifier le sport à une technique ? Faut-il, comme le pense G. Vigarello[1] admettre que le Sport doit être « conçu comme une technique parmi d'autres dans l'histoire des civilisations » ?

Répondre affirmativement conduirait à réduire à l'unité les différents traits du sport et les divers acteurs qui conditionnent son apparition et ses transformations. Mais en outre la façon dont le problème est ainsi posé postule que la technique est une activité d'un seul tenant. Or, nous croyons que la technique suppose et intègre un certain nombre de facteurs, dont l'idéologie n'est pas absente.

Déjà les techniques par lesquelles l'instinct d'un animal se satisfait et dont la perfection ne résulte pas d'une volonté consciente ont leur origine dans un besoin. Avec l'humanité, la technique débordera les procédés de l'instinct. L'intelligence, le hasard, les tâtonnements, les savoirs interviendront. La technique ne se séparera pas d'un mobile ; elle se proposera des fins.

Cette jonction d'une réalité psychologique qui, à tous ces niveaux, comporte un aspect intentionnel, et de moyens techniques ne doit pas être étendue de façon trop simpliste. L'inten-

1. *Histoire culturelle du Sport. Techniques d'hier et d'aujourd'hui.* Paris, Laffont et Revue EPS, 1988, 4e page de couverture. Il s'agit d'un ouvrage très érudit et de grand intérêt.

tion prélude au choix ou à la recherche des moyens. Mais elle subit aussi de la part de ces moyens techniques comme un choc en retour, une rétroaction. Les primitifs, lorsqu'ils ont trouvé les moyens de « faire du feu », ont également modifié leur façon de vivre et celle-ci, une fois altérée, les a invités à poursuivre des fins nouvelles, qu'ils ne recherchaient pas par nature : l'habit, la nourriture ont pris des formes nouvelles.

Il est oiseux de se demander si l'intention d'agir sur les choses a précédé la technique ou si la technique lui est antérieure. Nous pouvons admettre que les désirs et les connaissances précèdent la technique et en sont les causes : ou que la technique, ayant contribué à les engendrer et à les actualiser est à leur origine.

Pensée et action sont en réalité cause et effet l'une de l'autre.

Le sport illustre ces remarques. Il est solidaire, à toute époque, d'un certain état de la technique. Mais il n'est pas pure technique. Le serait-il même qu'en tant que technique il serait tributaire des désirs, des sentiments humains qui s'épanouissent en lui, des idéologies qu'il véhicule. Cette analyse du sport ne pourrait être contestée qu'à la condition d'admettre que les idées sont, à une époque donnée, la résultante d'un certain état de la technique directement ou par l'intermédiaire d'un régime politique lui-même issu directement ou indirectement de la technique. Il y a là un problème philosophique qui n'a pas à être abordé ici.

Le cas de la technique permet de saisir, dans l'histoire des hommes, la constance d'un processus qui la dépasse. Il serait abusif de nier l'existence d'une nature humaine caractérisée par des instincts. Mais il serait faux de penser que les actions exercées par elle, les actions exercées sur elle, et dont certaines ne sont que conséquences des siennes propres, ne la modifient pas. La nature humaine présente une bien plus grande plasticité que celle des espèces animales. C'est elle qui rend possibles la culture et l'éducation. Change-t-elle dans son «*fond*» ? Possède-t-elle un «*fond*» ? C'est une question que nous ne nous poserons pas. Il est certain, en tout cas, que les grandes dimensions de l'action des hommes : les relations de chacun avec le monde, avec les autres, avec soi-même, sont plongées dans le flux de l'histoire, aucune activité, aucune pensée humaines ne lui échappent.

Pas plus qu'aucune chose humaine le sport n'est éternel. Et il est oiseux de se demander s'il pouvait ne pas apparaître dans l'histoire des hommes. A peine peut-on en situer l'origine. En histoire, il n'est pas d'origine absolue : comment dater avec certitude celle de la Renaissance, celle de la Révolution ? Le sport une fois né, on ne saurait même pas en postuler la permanence. Tout événement historique est un point de départ autant qu'un aboutissement.

Une caractérisation du sport ne peut donc s'effectuer que sur une période assez courte. Elle révèle, nous a-t-il semblé, des changements qui obligent à écarter d'une définition du sport les aspects que son histoire fait apparaître précaires. Le sport ne peut donc être considéré comme une institution que l'humanité, après l'avoir engendrée, conserverait, inaltérée. Les traits mêmes dont on affirme couramment la constance ne vont pas sans se modifier.

La définition du sport, étant donné son histoire, ne peut dès lors consister qu'en certains caractères destinés à demeurer formels et qui doivent leur permanence à leur formalisme. Faire du sport, c'est engager son corps à jouer selon des règles avec et contre un adversaire. Mais le jeu n'est pas toujours conçu ni vécu de même manière. L'adversaire est divers : homme, mer, montagne, temps, soi-même... Et les règles sont périssables.

CHAPITRE SIX

REMARQUES SUR LES RAPPORTS HISTORIQUES DE L'ÉDUCATION PHYSIQUE ET DU SPORT [1]

L'Histoire nous enseigne la relativité des choses et des idées humaines. Les croyances, les conceptions qui semblaient le mieux établies disparaissent, les problèmes s'effacent ou se renouvellent. C'est donc l'histoire qu'il faudra consulter pour connaître et, si on le peut, expliquer l'origine et l'évolution de l'éducation physique et du sport, leurs relations, leurs tensions – et prendre finalement la mesure de leur rapprochement.

Il ne faudra pas hésiter à référer ces préoccupations à une histoire très ancienne. On n'aurait, sans elle, qu'une vue bien légère des problèmes qui nous préoccupent.

Un recours à l'Histoire invite donc à se tourner du côté de la Grèce ancienne. Et pourtant ni l'éducation physique ni le sport n'existaient alors. Le mot de gymnastique regroupait la totalité de ce que nous appelons « exercices physiques ». La gymnastique, ainsi nommée parce qu'elle est pratiquée dans un état de nudité totale, présente alors, schématiquement, trois formes qu'on peut nommer compétitive, médicale et éducative.

On verra, d'ailleurs, qu'elles ne sont pas sans communiquer. Il est commode, toutefois, de les examiner séparément, quitte à marquer ensuite leur interdépendance.

1. Conférence à la Sorbonne 3 Juin 1991.

La gymnastique grecque

La gymnastique telle qu'elle apparaît chez Homère fournira un bon exemple d'une compétition encore très militaire et qui poussera très loin la domination du vainqueur sur le vaincu. On la systématisera à partir de trois thèmes :

• en premier lieu la permanence des guerres. Elles opposent, de manière incessante, une multitude de mini-royautés. Chaque roi est entouré d'une aristocratie de guerriers. Entre eux et la multitude, de jeunes guerriers ou *kouroi* qui, comme le dit Marrou[1], « forment la classe noble, le *Laos*, opposée à la piétaille du *Démos* ». Entre tous ces guerriers, une rivalité qui les pousse à rechercher des adversaires pour en triompher.

• on retiendra ensuite une représentation de l'âme et du corps. L'âme est distinguée du corps : dans les temps les plus lointains elle est conçue comme son double. Elle est dite *thumos,* et ce mot exprime un élan : conscience et esprit en sont les manifestations. Elle est aussi *psyché* : ce mot évoque le souffle.

Il est capital que, pour Homère, *psyché* (l'âme) et *sôma* (le corps) soient, quoique différents, inséparables. Ainsi en va-t-il même après la mort. Dans l'Hadès, ce ne sont pas seulement les âmes des morts qui sont présentes mais aussi leurs ombres et sans doute faut-il voir en ces ombres comme une forme atténuée du corps.

Cette étroitesse des rapports entre l'âme et le corps subsistera durant toute l'antiquité hellénique. Elle imprègne la représentation qu'Homère se fait de la vertu (*arété*). Par elle il faut entendre la plus haute excellence à laquelle l'homme puisse atteindre. Elle est « une éthique de l'honneur. Vouloir être le premier, le vainqueur, l'emporter, s'affirmer dans la compétition, évincer un rival devant des juges, accomplir l'exploit qui le classera devant les hommes, devant les vivants et peut-être la postérité, voilà pourquoi il vit et pourquoi il meurt »[2].

Une telle façon d'entendre la vertu, l'étroitesse des relations de l'âme avec un corps qui en est solidaire et presque de même

1. *Histoire de l'éducation dans l'Antiquité,* 3e éd., 1955, p. 29.
2. *Ibid.*

niveau expliquent l'existence et la signification des jeux tels que les décrit l'*Iliade*.

• Il est important, et ce sera notre troisième remarque, d'en préciser les traits.

A l'occasion des funérailles de Patrocle, des jeux funèbres sont organisés par Achille qui offre de beaux prix aux concurrents victorieux. La majeure partie du chant XXIII de l'*Iliade* leur est consacrée.

On commence par une course de chars. Les positions des concurrents sont tirées au sort. Puis c'est le départ. Tour à tour des concurrents différents mènent la course. Les « supporters » s'opposent et s'injurient.

Après la course de chars viennent d'autres épreuves, pareillement dotées de prix. D'abord le pugilat. « épreuve douloureuse », dit Homère [1], que pratiquent ici non pas des hommes nus, comme ce sera plus tard le cas, mais des adversaires qui portent une « ceinture d'athlète » et sont pourvus de « lanières ». Les athlètes se ruent l'un sur l'autre. Le vaincu « crache un sang épais et sa tête vacille ». Il tombe « sans connaissance » [2].

Puis c'est la lutte. Elle n'est pas exclusive de ruses. Ulysse « frappe son adversaire au jarret par derrière et lui fait ainsi fléchir les jambes » [3].

Viennent alors : la course à pied qui sera gagnée par Ulysse, protégé d'Athéna; un combat à l'épée qui oppose Ajax à Diomède ; l'épreuve du disque; le tir à l'arc qui prend pour objectif une colombe. On termine avec le jet du javelot.

Dans l'*Odyssée* [4], Alkinoos organise des jeux en l'honneur d'Ulysse.

1. *Iliade*, trad. Flacelière, Galliamard, Bibliothèque de la Pléiade, p. 505.
2. *Ibid.*, p. 507.
3. *Ibid.*
4. *Odyssée*, chant VII, vers 1 à 265.

Ulysse lui-même est amené à y participer car, dit Laodamas, fils d'Alkinoos, « est-il en cette vie une gloire plus grande que de savoir jouer des jambes et des bras » [1] ?

Parler, à propos des compétitions homériques, de sport grec serait évidemment un anachronisme et une inexactitude. A l'encontre du sport, le combat hellénique présente un aspect militaire et religieux. Mais il y a déjà en lui quelques-uns des traits qui marquent le sport actuel. L'un et l'autre sont donnés comme des jeux avec toutes les ambiguïtés inhérentes à ce mot. En outre l'un et l'autre sont considérés comme des spectacles.

La gymnastique médicale ne se propose évidemment pas le même objectif que la compétition. Préventive, elle s'emploie à éviter au corps altération et maladie ; curative, elle tente de le guérir. Elle ne mérite d'être mentionnée dans cet exposé que pour éviter d'amoindrir dans son contenu et dans son sens la notion de gymnastique. Il va de soi qu'elle ne concerne pas très précisément la question dont nous débattons.

Il faut, cependant, souligner au passage l'apport de l'un de ceux qui, médecins, exercèrent, et non pas seulement sur la gymnastique, la plus durable et la plus profonde influence, Galien (v. 131-v. 201). Il a, en effet, comme le dit Georges Canguilhem [2], « identifié le muscle comme organe du mouvement volontaire et localisé l'origine fonctionnelle de ce mouvement dans le cerveau où les nerfs ont leur origine anatomique ». Selon Galien, une force interne, présente en chacun, meut le corps par l'intermédiaire de ce qu'on appellera plus tard les « esprits animaux » et porte, chez Galien, le nom de *pneuma* qui signifie le souffle. Il n'est donc point besoin, pour expliquer le mouvement, de recourir à une âme, comme on le disait jusque-là. Le refus de référer le mouvement à l'âme n'empêche d'ailleurs pas le mouvement d'exercer une action sur

1. Pléiade p. 654 (trad. V. Bérard).

2. *La formation du concept de réflexe aux XVIIe et XVIIIe siècles*, Paris, PUF, 1955, p. 14.

l'âme. D'où un accroissement considérable des pouvoirs reconnus à la gymnastique[1].

L'antiquité grecque a encore connu un troisième type de gymnastique en lequel on peut voir, en dépit de leurs différences, comme une anticipation de ce que sera plus tard l'éducation physique. C'est Platon qui en a fourni la théorie la plus parfaite.

Pour éviter des développements qui n'ont pas leur place ici, nous dirons seulement que, selon Platon, le monde est composé, à l'instar des humains, d'une âme et d'un corps, œuvres, l'un et l'autre, d'un Démiurge, c'est-à-dire d'un dieu créateur. L'âme du monde a reçu prééminence sur le corps. Mais le corps, lui, a été doté d'une fonction essentielle : la capacité de se mouvoir. Parmi les mouvements possibles, le meilleur est celui que le corps se donne à lui-même.

S'il est vrai que la valeur morale d'un homme est étroitement liée à son âme, c'est le développement harmonieux du corps, essentiellement par la gymnastique, qui confère la beauté. Cette jonction de la beauté et de la bonté (*Kalokagathia*) constitue ainsi l'idéal platonicien. Platon l'adapte d'ailleurs aux diverses classes sociales.

L'idéal platonicien ne constitue, peut-être, que la justification, par les compléments philosophiques qu'il apporte, de l'importance accordée de tout temps par les Grecs à la gymnastique dans leur éducation. Ainsi l'enfant athénien, lorsqu'il atteint 6 ou 7 ans, abandonne la société des femmes qui, jusqu'alors, avait été la sienne. A l'école, le pédotribe, ancêtre des professeurs d'éducation physique, lui enseigne « dans des bâtiments spécialement aménagés à cet effet qu'on appelait les palestres »[2] les principaux exercices athlétiques. A partir de 15 ans, le jeune homme reçoit un entraînement dans un gymnase.

Les choses changent vite. La culture du corps va perdre, à l'époque alexandrine, son caractère éducatif. Elle cessera d'être

1. Pour plus de précisions sur Galien et son influence sur la gymnastique, cf. Ulmann, *De la gymnastique aux sports modernes*, p. 58-75 et 115-124.

2. Sur les palestres, cf. Chamoux, *La civilisation grecque*, Paris, Arthaud, 1963, p. 275 et p. 419.

appelée par une métaphysique et ne traduira qu'une manière de vivre. Les Romains délaisseront les exercices physiques auxquels ils préféreront les spectacles du cirque. La plupart des Pères de l'Eglise n'auront pour le corps que méfiance : ils lutteront contre ses exigences, s'efforceront de le soumettre. Quant au Moyen-Age, les exercices physiques qu'il pratique ne sont que des jeux.

Origines de l'éducation physique

La gymnastique réapparaîtra en premier lieu sous une forme médicale. Il s'agit pour elle de protéger la santé (comme l'expriment en un titre usuel de nombreux *De sanitate tuenda*) ou de l'acquérir. Certains verront même en la gymnastique un moyen thérapeutique. Cette gymnastique médicale s'adresse le plus souvent à l'enfant. Elle s'efforce de prévenir les atteintes à sa santé, de le guérir mais aussi d'assurer son développement. Avant même que le mot : éducation ne soit forgé (il date de 1495), le médecin prescrit aux enfants des comportements qui permettront à leur corps, en l'absence de tout empêchement, un développement optimum. C'est pourquoi on pourrait dire que la médecine des enfants prélude à l'éducation physique [1].

Mais l'éducation physique trouve aussi son origine dans d'autres facteurs que la médecine des enfants. D'abord le corps, réprouvé jusque-là, est, à la Renaissance, disculpé de toutes les tares dont on le chargeait. Il n'est plus voué au mal, à la condamnation, voire à la déréliction. Cultivé, il est facteur de santé, il a le privilège d'être le principal révélateur de la beauté. Il rend possibles des qualités morales, comme le courage. Il permet de se récréer. L'humanisme italien, puis européen, du XVIe siècle va donc juger le corps digne qu'on s'occupe de lui, non pas simplement pour lui assurer la santé mais pour procurer à la nature humaine, que l'éducation doit prendre en compte tout entière, épanouissement et élévation.

Retour à l'antiquité? Il ne faudrait ni exagérer ni refuser la ressemblance entre l'éducation physique naissante et la gymnas-

1. Cf. Ulmann, *Les débuts de la médecine des enfants* (voir *supra*).

tique grecque. Cette gymnastique consiste en effet, comme la *Paideia* dont elle est un aspect, en un ensemble d'exercices imposés par l'usage, catalogués avec soin. La nécessité ne s'impose donc pas de fournir une justification à de telles pratiques. Ou alors, si l'on tente d'en établir le bien-fondé, c'est au nom d'une philosophie et parce qu'on souhaite justifier tout comportement recommandé aux hommes en établissant qu'il est conforme à l'ordre des choses. Ainsi procédait Platon. Les premiers théoriciens de l'éducation physique ne sont pas, eux, portés par l'usage. Il leur faut batailler pour imposer ou seulement faire admettre leurs vues. Dès lors leur entreprise comportera nécessairement deux temps. Ils s'emploieront d'abord à établir la légitimité pour le corps d'un droit à l'éducation. Ensuite de quoi ils entreprendront de donner un contenu à cette éducation. Ce second moment sera le plus délicat : quels buts rechercher pour que le désir d'une éducation physique se concrétise en visées précises, pour qu'une finalité fondamentale, qui sera celle du corps, soit suffisamment élucidée, se traduise en actes et aboutisse à des comportements déterminés ?

La situation dans laquelle vont se trouver placés ceux qui reconnaissent l'opportunité ou la nécessité d'une éducation physique et tentent, en fonction et à partir d'une telle exigence, d'aboutir à des comportements concrets aura pour conséquence d'inféoder l'éducation physique à des « théories ». Et ces théories seront suffisamment différentes pour que les systèmes d'éducation physique qu'elles légitimeront comportent, en se réclamant tous de l'éducation physique, des différences importantes. Ainsi va naître ce qu'on appellera bien plus tard « guerre des méthodes ». Mais les méthodes ne s'opposent que parce que les finalités qu'elles proposent à l'éducation physique sont différentes.

Apparue avec ses intentions, et aussi certaines de ses pratiques, dans le sillage de l'Humanisme, c'est peut-être au XVIIe siècle que l'éducation physique trouvera sa dénomination. Sous quelle forme cette éducation physique se présente-t-elle ? Elle est essentiellement inspirée par une représentation métaphysique ou religieuse qui privilégiera, en fonction de ce qu'elle tiendra pour l'essence de l'homme, soit la nature (entendue, comme aujourd'hui d'ailleurs, de différentes façons), soit le souci d'une santé durable, soit l'utilité sociale, soit, le plus souvent, l'obéissance à la pensée droite, qui sait ce qui peut être demandé au corps. Telle est l'origine de ce qu'on prendra l'habitude de nommer, pour rendre sensible le caractère souvent personnel et, en tout cas, scientifiquement non contraignant qui est le leur, « les théories de l'éducation physique ». Elles sont des points de vue sur l'être de l'homme et la manière dont doit être conçu son accomplissement physique.

On peut admettre qu'au XIXe siècle, voire à notre époque, les théoriciens de l'éducation physique ont retenu, avec des nuances diverses, les préoccupations et, peut-être, les procédés de leurs devanciers. L'éducation physique a pris la forme de véritables systèmes. Ce qui revient à dire que son soubassement est aussi divers et incertain que les philosophies qui l'inspirent.

Origine du sport

Nous nous sommes occupés, jusqu'à présent, des origines de ce qu'on appelle éducation physique. Il faut à présent s'interroger sur les origines du sport et sur ses traits.

Le sens initial du mot anglais « sport » est : jeu, divertissement. Effectivement le jeu est à l'origine du sport. Il correspond à un besoin que l'enfant, l'adulte éprouvent spontanément et qui présente des formes différentes selon les époques et les catégories sociales. La noblesse a eu ses jeux auxquels les manants n'avaient pas accès : ils avaient les leurs. Il est des jeux auxquels un individu peut s'adonner tout seul ; d'autres, qui accompagnent les fêtes, nécessitent un vaste concours de peuple. Les jeux sont plus ou moins violents, plus ou moins dangereux, plus ou moins distingués, plus ou moins cruels.

Ces sports, qu'ils aient été reprise de jeux populaires, ou que leur origine soit plus spontanée, se sont présentés initialement sous la forme d'un jeu. Jeux les différentes compétitions : on s'amuse à courir, à lancer, à lutter. Les jeux physiques, parce qu'ils sont ostentatoires et proclamés, sont les plus nombreux, les plus prisés et aussi les premiers.

Quand le sport n'aurait présenté que la caractéristique d'être un jeu, il eût déjà grandement différé des compétitions de l'Antiquité. Celles-ci sont essentiellement d'ordre religieux. Les dieux font plus que s'y intéresser : les jeux les concernent parce qu'ils font partie du culte. Pourquoi le vainqueur l'emporte-t-il ? Parce qu'il est le favori des dieux ou du plus puissant, voire du plus rusé, d'entre eux.

Le sport, pour apparaître et ensuite mériter son nom, a dû présenter une autre caractéristique, celle même que lui a inspirée Arnold. Le sport, pour le Recteur de Rugby, ne se limite pas au plaisir de jouer. Il exige que le jeu soit soumis à une discipline. Sans doute pourrait-on penser que tel est le cas pour la plupart des jeux ; ils n'existent que dans la mesure où ils se conforment à une règle. Mais la discipline qui sera imposée au jeu pour qu'il devienne sport ne se confond pas avec une telle règle. Cette discipline est destinée non pas à codifier le jeu mais à lui imposer des exigences qui sont, elles, d'ordre moral. Les intérêts des hommes, pense Arnold avec les libéraux anglais, qu'ils soient ceux des individus ou ceux des collectivités, ne s'opposent pas. Ils sont harmoniques. On ne poursuit pas son intérêt propre en n'acceptant pas que l'autre en fasse autant. Le fairplay est conditionné par la loyauté des joueurs. La compétition sportive n'a donc rien à voir avec une lutte qui permettrait tous les coups, prendrait son parti de toutes les vilenies. Le sport ne va pas sans honnêteté. Et c'est pourquoi il est plus qu'un jeu : un facteur de moralisation.

Les jeux ne sont pas innombrables. La plupart de ceux que le sport choisira datent, pour l'essentiel, de l'époque grecque ou dérivent des jeux médiévaux. Mais le sport en a transformé l'esprit. Et surtout, en dépit des apparences, il présentera des différences importantes non seulement avec les compétitions grecques mais avec l'éducation physique. Les Grecs, si soucieux qu'ils fussent de respecter les règles morales et les lois de la cité, ne les intégraient pas au jeu. Quant à l'éducation physique, ses objectifs ne lui sont pas dictés par une représentation morale des rapports humains. De surcroît, quoique soucieuse de ne pas déplaire à ceux qu'elle se propose de former, elle n'a pas pour objectif principal le plaisir, facteur essentiel pour qui veut attirer des participants.

L'éducation physique
contestée dans sa cohérence et ses fondements.

Un heurt ou, ce qui est davantage dans l'ordre des choses, une émulation, ne pouvait manquer d'opposer éducation physique et sport. Deux commerçants vendaient le même produit mais leurs marques étaient différentes et la présentation était chez l'un plus attractive. La rivalité s'est rapidement transformée en conflit.

L'éducation physique a subi encore, depuis l'apparition du sport jusqu' aujourd'hui, d'autres attaques, singulièrement plus mordantes que celle que lui lançait le sport. Sans doute ne provenaient-elles pas du sport mais il n'a pas manqué d'en profiter. J'en retiendrai deux.

L'éducation physique n'est pas monolithique. Loin de là. Dès sa naissance, au 16è siècle, des théoriciens, des écoles se sont opposés. Tous avaient le même objectif : permettre au corps de s'accomplir. Seulement cet objectif était trop vague, trop général pour ne pas demeurer très abstrait. L'homme, disaient les uns, est appelé, comme être spirituel, à dominer sa propre nature. D'autres prônaient l'obéissance à la nature, cette attitude se fortifiait de l'appellation même d'éducation physique : le mot physique dérive, en effet, du mot grec *phusis* qui signifie nature. Certains assujettissaient le corps au social pour cette raison que les hommes appartiennent à une société et doivent être en mesure de la respecter et de la servir. D'autres encore, comme Ling, lisaient la destinée du corps dans des rêveries métaphysiques et concevaient une éducation physique entièrement assujettie à leurs vues étranges.

Ainsi l'éducation physique connaît-elle d'inévitables tensions, en proie qu'elle est à des vues contradictoires, incapable d'assurer, par une argumentation irréfutable, le triomphe de l'un d'elles

Une autre difficulté, plus cuisante peut-être, attendait l'éducation physique parce qu'elle se donne pour une éducation du corps.

Nous avons tous l'habitude de parler du corps. Pourtant nous sommes incapables, et les éducateurs du corps également, de dire comment le déterminer et quel il est. En somme, nous ne savons pas le circonscrire. Pascal a tout dit: « Qui ne croirait, à nous voir composer toutes les choses d'esprit et de corps, que ce mélange-là nous serait très compréhensible ? C'est néanmoins la chose qu'on comprend le moins. L'homme est à lui-même le plus prodigieux objet de la nature, car il ne peut concevoir ce que c'est que corps et encore moins ce que c'est qu'esprit, et moins qu'aucune chose comme un corps peut être uni à un esprit. C'est là le comble de ses difficultés, et cependant c'est son propre être »[1]. La métaphysique ne peut éviter, lorsqu'elle tente de cadrer le corps avec exactitude et d'en dire la nature, de tomber dans des difficultés dont elle ne parvient pas à sortir.

Ceux qui isolent de la pensée le corps dans sa matérialité ne peuvent expliquer, dualistes qu'ils sont, les relations de deux réalités qui n'ont rien de commun. Tenter de dériver l'une de ces réalités de l'autre n'est pas plus satisfaisant : comment, avec le matérialisme, concevoir qu'un corps, qui participe par définition à la matérialité première du monde, puisse engendrer l'esprit ? Et si l'on se retourne vers l'idéalisme en demandant à l'esprit de produire ce qui lui est hétérogène, on n'éprouvera pas seulement la difficulté de saisir le pourquoi et le comment de cet engendrement, on ne comprendra pas que le corps, ainsi créé, possède une autonomie suffisante pour faire obstacle à son propre créateur.

Ces grandes doctrines sont classiques. Sans pouvoir évoquer d'autres hypothèses encore, je ne pense pas que ceux qui appellent aujourd'hui la phénoménologie à leur secours aient trouvé le moyen de circonscrire le corps, d'en dire les pouvoirs.

De telles difficultés sont assurément métaphysiques. Mais même si, pour cette raison, on refuse de s'y attacher, comment établir en se maintenant dans une perspective positive, ce qu'est le corps, quelles en sont les limites et les pouvoirs ? On conçoit dès lors qu'une éducation physique, dont la vocation est précisément de déterminer les objectifs qu'il convient de fixer

1. *Pensées*, édit. Brunschvicg, Hachette, section II, fragment 72.

au corps, ne puisse lire ces objectifs dans le corps lui-même. On ne les lit pas davantage dans la notion de nature si proche du corps et dont on montrerait aisément que les difficultés ne le cèdent pas à celle que présente le corps.

Ainsi qu'elles concernent la vocation de l'homme ou la notion de corps, les difficultés dont il vient d'être question expliquent que l'éducation physique soit dilacérée entre des théories dont l'opposition est à la fois vive et irréductible.

On conçoit, dès lors, qu'elles servent le sport. Le sport échappe, en effet, à ce qu'il tient pour des problèmes oiseux et qui ne le concernent pas. Il ne s'inquiète pas des rapports de l'âme et du corps si ce n'est pour admettre que le jeu concerne à la fois le muscle et l'intelligence.

Il fait fond sur le plaisir de jouer et il en procure les moyens. Il sait aussi que la compétition n'est pas seulement source de joie mais aussi de santé et qu'elle s'accompagne de qualités morales telles que courage, persévérance, voire capacité de se tirer d'embarras, débrouillardise.

D'où la pertinence d'une attitude qui s'est manifestée et amplifiée au cours du XIXe siècle. A quoi bon, se demande-t-on, pratiquer l'éducation physique ? Le sport procure, et au-delà, tout ce que l'éducation physique a l'ambition d'apporter et, de surcroît, ne peut se voir reprocher d'être un pensum.

La guerre s'est donc installée entre le sport et l'éducation physique. Il ne s'agit de rien moins que du sort de l'éducation physique à laquelle le sport prétend logique et inévitable de se substituer.

Mais est-il nécessaire de condamner l'éducation physique parce qu'une référence au corps n'est qu'une référence à un inconnu, à un X ? Les sciences humaines ont fourni à Pierre Parlebas le moyen ingénieux de conserver l'éducation physique, à laquelle il attache une grande importance, tout en lui refusant toute référence au corps.

Il lui suffit de remplacer la notion de corps, usuelle en éducation physique, par celle de « conduite motrice ». Premier avantage : éliminée toute tentative de parler du corps ! Second intérêt : la conduite motrice met l'accent sur le trait le plus caractéristique de l'ancienne gymnastique, comme de l'éducation physique : la motricité. Mais cette motricité n'a pas besoin que lui soit attaché un sujet en chair et en os. Elle se manifeste sous la forme d'une «conduite». La notion de conduite, empruntée à la psychologie du comportement, rend inutile le recours à un sujet corporel. A quoi bon un corps dont on ne sait que dire? La référence à la conduite scelle cette inutilité du corps et le remplace. La conduite est, en effet, précise Pierre Parlebas, «le comportement moteur en tant qu'il est porteur de signification» (art. *conduite motrice*). L'éducation physique est admise telle qu'elle est. Simplement sa définition se trouve modifiée. A quoi il faut ajouter que la notion d'éducation cède sa place à celle de «pédagogie» d'apparence moins philosophique et plus technique.

L'éducation physique devient ainsi «pédagogie des conduites motrices» et le sport «l'ensemble des situations motrices codifiées sous forme de compétition et institutionnalisation».

Parenthèse : l'historien prend parti

1) Le corps

Il s'agit de savoir si la notion de corps doit être éliminée d'une définition ainsi que des préoccupations de l'éducation physique, que cette élimination soit la conséquence d'un refus quelque peu paresseux de s'inquiéter de lui ou de la préoccupation de ne pas introduire, pour caractériser une éducation physique que l'on souhaite scientifique, tout élément dont l'équivocité ne laisserait pas place à une caractérisation scientifique.

C'est la seconde attitude, celle de Pierre Parlebas qui, seule, mérite d'être considérée parce qu'elle est originale et profonde et aussi en raison des qualités éminentes de son auteur qui domine la réflexion contemporaine sur l'éducation physique par la diversité de ses connaissances et la profondeur de ses analyses.

Je m'attacherai aux deux notions majeures de la définition que Pierre Parlebas donne de l'éducation physique : celle de pédagogie et celle de conduite motrice.

Pourquoi refuser la notion d'éducation et faire un sort à celle de pédagogie ? Il semble que ce soit en raison du scrupule tout scientifique de ne pas adopter pour définir ce qu'on appelle éducation physique une notion comme celle d'éducation qui est justement à définir et dont on aperçoit aisément de quelles ambiguïtés et de quelles contestations elle est grosse. Mais vaut-il mieux la remplacer par un mot qui, dans son sens originel et actuellement aussi, ne renvoie qu'aux méthodes qu'emploie un maître soucieux d'enseigner selon des méthodes éprouvées ? La notion de pédagogie ne peut être que seconde par rapport à celle d'éducation qu'elle suppose puisqu'elle a la charge de la communiquer. Elle ne peut donc pas prétendre se substituer à celle d'éducation.

En outre, « l'activité motrice » dont le rôle, dans la définition que Pierre Parlebas donne de l'éducation physique, est essentiel, est référée par lui à une « conduite » et il le faut bien sous peine de faire d'une abstraction le sujet de l'éducation physique. Mais qu'est-ce qu'une conduite ? Pierre Parlebas précise : « une organisation signifiante » et cette organisation répond, ajoute-t-il[1], « à la totalité de la personne agissante, à la synthèse unitaire de la personne agissante ». J'entends bien que la notion de personne répond au désir de Pierre Parlebas de donner à l'activité motrice un sujet, sinon de qui, de quoi serait-elle l'activité motrice ? Mais invoquer la personne n'est-ce pas, de façon complexe, invoquer le corps et d'autres déterminations en sus ? Impossible donc de parler d'éducation physique sans se référer au corps.

Quoi qu'on fasse, la notion de corps réapparaît. Une telle contrainte exercée ainsi sur l'esprit ne peut pas ne pas conduire a penser qu'il ne faut pas se hâter de lui dénier toute réalité. Je crois que cette réalité peut se réclamer de l'expérience.

L'idée de corps est dégagée à partir du corps vivant et ses activités. Le corps mort est pourriture. Or la vie, chez le vivant, est étroitement liée aux organes. Ils ont, pourrait-on dire, avec la vie une relation de réciprocité : la vie est cause de leur fonc-

1. Cf. Article : *Conduite*.

tionnement et, à leur tour, ils l'entretiennent. A partir de là une définition du corps, non métaphysique, mais telle qu'elle peut être acceptée par la science, s'impose. Elle pourrait être la suivante : « le corps est, chez un vivant, l'ensemble des organes en rapport avec lesquels (ou grâce auxquels) la vie et toutes les activités biologiques se trouvent assurées ».

Une telle définition n'est pas métaphysique. Elle résulte, à l'instar des définitions scientifiques, d'un prélèvement opéré sur la réalité. Le physicien, le chimiste, lorsqu'ils étudient l'un et l'autre la matière, savent bien que l'objet de leurs études résulte d'un prélèvement qui isole les uns des autres des aspects de la matière, indissociables à la rigueur. Physique, chimie, biologie, psychologie sont des vues partielles sur une réalité dont la richesse et la complication sont immenses. Ainsi en va-t-il pour le corps. Un mot unique renvoie à une réalité complexe. Mais il ne fait que la désigner : il ne la crée pas. Il ne fait que rassembler un certain nombre de traits qui offrent une unité et un sens relatifs mais réels et dont on ne saurait se passer. La définition d'une réalité déterminée à partir de l'expérience et conformément à elle, comme le fait la science, et sans présupposition métaphysique, est indispensable, même si, terre ferme, elle est bordée d'inquiétants vides métaphysiques.

2) L'éducation physique : définition, objectifs

L'éducation peut être définie comme l'action exercée par une culture sur la nature et le comportement des hommes. Elle se diversifie en fonction des rapports sociaux, des idées morales, des capacités, de la manière d'être de chacun et, plus généralement de ses valeurs. L'éducation physique, parce qu'elle est éducation, ne peut dès lors que subir les vicissitudes qu'imposent à toute éducation la nature des choses et l'histoire dont les pensées, croyances, conceptions et représentations des hommes sont tributaires.

Tout en étant précise et circonstanciée, une définition de l'éducation physique ne doit donc pas se confondre avec une catégorie particulière de l'éducation physique. Elle doit être suffisamment ample et abstraite pour fournir à toutes un cadre. Dans cette perspective, la définition de l'éducation physique pourrait être la suivante : « Phénomène de culture, l'éducation physique consiste en une action exercice sur le corps humain de façon à favoriser certains comportements, à permettre des transformations, en un mot à atteindre un résultat que des valeurs admises conduisent à considérer comme souhaitable »[1]. Ainsi, de quelque façon qu'on la conçoive : gymnastique, éducation physique proprement dite, voire à la rigueur brimades que certains infligent à leur corps parce que cette ascèse serait conforme à la volonté de Dieu, il faut voir dans l'éducation physique une amélioration du corps et de ses pouvoirs.

Le présent

Quels sont les rapports présents de l'éducation physique et du sport ? L'un et l'autre vont offrir des traits quelque peu nouveaux.

Et d'abord l'éducation physique a été amenée, d'une manière qui n'a pas toujours été aussi consciente qu'on l'aurait souhaité, à une nouvelle représentation de la santé. En outre elle a cessé de disjoindre, voire d'opposer les différentes finalités qui se proposaient à elle.

L'éducation physique a toujours eu comme objectif majeur la santé, condition de toutes les finalités, si diverses soient-elles. Dès lors, dans son entreprise, elle ne pouvait que rencontrer la médecine. De fait l'éducation physique a toujours été, à toutes les époques, dépendante de la médecine.

Ce mot de santé, but commun de la médecine et de l'éducation physique, quel en est le sens exact ? Il n'a pas la précision d'un concept. Ce que nous pensons sous le mot de santé est éprouvé plus que pensé. On dira qu'elle consiste à se bien porter mais on voit le caractère équivoque et subjectif d'une telle définition. La valeur sans laquelle médecine et éducation physique perdraient toute signification ne leur offre qu'un visage tremblé

Il est vrai qu'à défaut de se raccrocher à une stricte définition de la santé on tentera de se contenter d'une norme. La

1. Des précisions seront apportées plus loin à la notion d'éducation physique.

norme est moins abstraite, plus près de nous, que la valeur. Elle peut être entendue comme la manifestation de la valeur dans des conditions plus concrètes, plus modestes, mieux définies[1]. Dire qu'il existe des normes de santé signifie alors qu'*à un certain moment* être en bonne santé c'est satisfaire à des exigences et des critères déterminés. Nombre de médecins se sont en effet rendus compte que leur norme de santé est étroitement dépendante de deux facteurs que Goldstein, Canguilhem et d'autres ont particulièrement soulignés.

D'abord une norme de santé ne laisse pas d'être individuelle. Etre en bonne santé ne comporte pas la même signification pour un individu débile et pour un être vigoureux. L'optimum pour l'un, pourrait dire, n'est pas celui de l'autre.

Ensuite, et si l'on se place maintenant sur le plan de l'histoire, la norme de santé se présente, selon l'état de la médecine, de façon différente. Elle se modifie, elle est fonction des capacités de la médecine. Ainsi il fut un temps où la « bonne santé » n'empêchait pas de contracter la tuberculose : cette éventualité est, en raison de la vaccination, maintenant refusée. « Pour définir le normal, il faut se référer aux concepts d'équilibre et d'adaptabilité : il faut tenir compte du milieu extérieur et du travail que doivent effectuer l'organisme ou ses parties »[2].

La médecine s'efforce de conserver, de restaurer, d'améliorer la santé. Elle use essentiellement de médicaments. L'éducation physique s'adresse à la motricité. Elle a pour objectif de pousser aussi loin que possible les capacités corporelles d'un individu. On pourrait dire qu'elle déborde la notion médicale de santé.

On sait en effet que l'éducation physique ne s'est pas limitée à cette seule tâche. A la fin du XIXe siècle, au début du XXe, l'habitude s'est établie de reconnaître, sous le nom inexact de méthode, deux finalités que l'on tant de la poursuite de la santé

1. La notion de norme reste ambiguë. Dans le langage courant, elle désigne une moyenne. C'est ainsi que nous disons d'un individu ou d'un comportement qu'ils sont normaux quand ils sont conformes à la majorité des individus, des comportements.

2. G. Canguilhem, *Le normal et le pathologique*, PUF, 1972, p. 202.

que l'une de l'autre. L'une avait pour objectif une insertion sociale ; elle se plaçait dans la ligne de ceux qui pensent que l'individu a pour vocation majeure de servir la société, l'Etat. Elle n'était d'ailleurs pas exclusive d'arrière-pensées politiques. L'autre recherchait qualités physiques et aussi morales (telles que la solidarité) dans la pratique du sport.

Les choses ont changé aujourd'hui. L'éducation physique n'a pas seulement admis la compatibilité des différentes « méthodes ». Elle a considéré les orientations corporelles de façon moins émiettée et plus globale. Elle a heureusement admis qu'il existe une sorte de culture générale pour le corps comme pour l'esprit.

Si l'éducation physique a été vouée à se transformer en s'éloignant de l'exclusivisme des « théories », a gagné en positivité, le sport, lui aussi, s'est modifié. Il a cessé de se recommander d'une théorie contestable : le libéralisme économique. Ce faisant, il a perdu une caution morale : il n'est pas vrai que la rencontre sportive favorise la victoire des grands principes et que les joueurs sortent d'une compétition sportive moralement améliorés. Autre modification : le sport attire les foules comme jamais. Il a gagné une clientèle considérable. A quoi il faut ajouter encore que le sport s'est peu à peu pénétré de professionnalisme. La rémunération d'un athlète qui consacre tout son temps à servir son club n'a rien en soi de répréhensible : elle peut même apparaître légitime. On constatera seulement qu'elle a changé la nature du sport : elle a favorisé les ententes, les combines. La compétition a perdu de sa pureté.

Il fut un temps où le sport contestait la possibilité, en dehors de lui, d'une éducation physique efficace. L'éducation physique de son côté, tenait le sport pour un simple jeu, pour un moyen efficace d'un développement très particularisé du corps mais qui demeurait une distraction, qu'il n'était pas question en tout cas d'inclure dans l'éducation. Nous n'en sommes plus là.

Où en sommes-nous ? Chacun des deux, éducation physique et sport, reconnaît à l'autre le droit à l'existence. Cependant une opposition persiste entre eux. On la résumerait en disant que le sport, fort de ses succès et de sa popularité, veut se voir reconnaître comme discipline éducative : donc être intégré à l'éducation. Les partisans de éducation physique émettent des réserves sur cette intégration ou, tout au moins, l'envisagent de telle façon que la place du sport ne se fasse pas sous la forme d'une irruption incontrôlée. Un sport éducatif ne saurait, selon eux, recevoir une autre place que celle que l'éducation physique, discipline à laquelle il appartient de décider des fins et des modalités de l'éducation corporelle, est amenée à lui réserver. A l'éducation physique d'utiliser au mieux le sport.

Vers des modifications profondes des rapports de l'éducation physique et du sport

Une telle représentation des rapports de l'éducation physique et du sport est subjective. Elle n'établit au mieux entre eux qu'un modus vivendi précaire. Il ne semble pas qu'elle aille dans le sens de l'histoire.

1) Sport et éducation physique – Modalités de l'éducation physique

L'humanité a peu à peu ajouté à ses comportements innés ainsi qu'à ses premiers savoirs des connaissances et des comportements acquis. Ce qui revient à dire qu'elle s'est éduquée. Et cette éducation, sans cesse accrue, s'est transmise de génération en génération.

Une telle imprégnation de la nature par la culture qu'elle s'est donnée revêtira évidemment des aspects différents. Admettons, pour simplifier, qu'elle présente quatre directions essentielles. Elle concernera le corps de l'homme et sera dite physique. Elle affectera sa pensée et ses connaissances : elle sera alors, en un sens très général, intellectuelle. Elle consistera à porter des jugements de valeur, à leur conformer ses actes et sera dite morale. Une quatrième forme de l'éducation consistera dans des capacités techniques (au sens large) qui donnent aux hommes le pouvoir d'agir sur les choses, voire sur les hommes eux-mêmes.

L'éducation sous sa forme physique sera seule retenue ici. Il est essentiel de noter avant tout que[1] l'expression d'éducation physique est ambiguë et que cette ambiguïté entraîne des incompréhensions et des confusions.

En un premier sens, l'Education Physique (nous l'écrivons alors en lettres majuscules) connote toute espèce d'éducation à laquelle le corps humain se trouve soumis, toute la diversité des comportements qui lui ont été enseignés et qui ne sont pas dictés par la nature.

En un second sens, plus courant, l'éducation physique (alors écrite en minuscules) constitue, à l'instar de la gymnastique grecque, par exemple, un ensemble systématique de mouvements, destinés à donner au corps une formation dans le cadre d'un système éducatif.

L'éducation physique relève évidemment de l'Education Physique. Elle en est une forme au même titre que la danse voire que l'habileté manuelle qu'ont acquise le chirurgien ou l'ouvrier qualifié.

Le sport est, tout comme l'éducation physique, une forme d'Education Physique. Comme elle, il est une entreprise destinée à agir sur le corps pour le mettre en état d'atteindre certaines fins tenues pour bonnes. En la circonstance, ces fins se confondent avec un triomphe obtenu sur des adversaires dans le cadre d'un jeu (si équivoque que ce mot, du fait même du sport, soit devenu).

A.P.S., E.P.S.

Mais le rapprochement de l'éducation physique et du sport peut être poussé plus loin encore. Parmi les nombreuses disciplines qui relèvent de l'Education Physique (danse, escalade...), l'un et l'autre vont constituer de plus en plus un ensemble indissociable. C'est ainsi qu'on parle couramment aujourd'hui d'activités physiques et sportives (A.P.S.), d'une éducation physique et sportive (E.P.S.).

Pendant toute une période qu'on peut appeler classique, l'éducation physique, nous l'avons déjà observé, s'est donné pour but d'amener le corps humain à l'accomplissement d'une

1. Comme nous l'avons déjà laissé entendre.

vocation considérée comme la sienne. Pour les uns elle rendra le corps conforme à sa propre nature. Pour d'autres elle verra dans le corps un facteur essentiel de ciment social. Pour d'autres encore elle consolidera les fonctions du corps que les sciences lui auront révélées. L'éducation physique s'assigne donc dans tous les cas ce but : mettre le corps en mesure d'assurer les fonctions et les tâches tenues pour inhérentes à son essence.

Mais l'idée d'un progrès, qui consisterait, pour l'éducation physique.en la visée et l'approche d'un but bien défini, s'est révélée illusoire. Sciences de la nature, sciences humaines, pas plus que la métaphysique, ne sauraient fournir à l'éducation physique un objectif précis ni assuré. La nature est susceptible de se voir reconnues des orientations diverses. Qu'est au juste un corps qui, depuis l'âge des cavernes, a subi tant de transformations ? Et que de divergences relatives à ce que doit être, à ce que sera la société de l'avenir ! La notion de santé, elle-même, est indécise et trouble. L'éducation physique ne peut, dans ces conditions, recevoir de consignes, ni s'assigner des objectifs définis une fois pour toutes et bien déterminés.

Les théories qui se flattent de fournir à l'éducation physique des normes porteuses de vérité qu'elles tiendraient d'une familiarité avec l'éternité ou même seulement d'une connaissance assurée des désirs et des capacités de « l'homme » sont fallacieuses. Et aussi les tentatives pour préciser ce qui serait le contenu éternel des valeurs. L'éducation physique ne peut que se limiter à des objectifs simples, modulables en fonction des conditions concrètes qui s'imposent à une époque, à des individus. L'éducation physique est contrainte, dès lors, à des visées modestes. Elle cherchera à former un homme résistant, fort, soucieux de saisir sa mesure propre, de se défendre contre toute agression, trouvant plaisir à jouer, capable autant que faire se peut d'éviter la maladie et d'être bien dans sa peau.

A sa manière le sport ne cherche rien d'autre. Les modalités de la motricité dont l'éducation physique poursuit l'établissement chez l'homme peuvent être autres, dans leurs manifestations, que celles auxquelles s'attache le sport. Elles ne leur sont pas, en tout cas, hétérogènes. L'E.P.S. répond dès lors à une nécessité : elle représentera comme le lieu où se conjoignent éducation physique et sport.

En se différenciant de la « gymnastique », à laquelle une longue tradition la rattachait, l'éducation physique ne s'est pas transformée en sport. Mais, située sur le même plan que lui, elle en a fait un auxiliaire. En constatant et en admettant qu'il pouvait être considéré comme une éducation physique, le sport a transcendé le désir de vaincre qu'il porte en lui, lui a adjoint d'autres finalités.

Une éducation physique et sportive (E.P.S.) est née.

CHAPITRE SEPT

L'UNIVERSITÉ, L'EDUCATION PHYSIQUE ET LE SPORT[1]

Le passé de l'éducation physique est un peu l'histoire de ses combats. Car elle dut lutter simultanément sur deux fronts. Il lui fallait tout à la fois se faire reconnaître comme éducation et se donner à elle-même un contenu. Double entreprise – et combien difficile – qui n'a cessé de l'opposer aux éducations en place aussi bien qu'à elle-même.

On pourrait croire, cependant, que l'éducation physique a, d'emblée, connu son âge d'or dans la Grèce antique. Constituée solidement des épreuves canoniques que les Jeux proposaient aux athlètes, elle n'était pas seulement revêtue d'une aura religieuse, elle représentait, nous semble-t-il, cette moitié de l'éducation grecque qui lui conférait son originalité. L'humanisme grec serait dans l'ajustement, selon une mesure dont on n'aurait plus su ensuite retrouver la précision ni la finesse, des tâches de l'esprit et des activités du corps.

Il n'est pas certain que cette représentation courante et nostalgique du génie grec soit pleinement conforme aux faits. La gymnastique ne parvint jamais à trouver son unité. Des gymnastiques différentes naquirent, appelées par les sollicitations diverses auxquelles est exposé le corps de l'homme : gym-

1. Extrait d'une conférence prononcée à l'Université Laval, Québec, le 23 janvier 1971 lors de l'agrégation du département d'Education Physique à l'Université.

nastique médicale, gymnastique militaire, gymnastique sportive. Et celle-ci, la seule que s'incorporait véritablement la Paideia, n'est parvenue à équilibrer l'éducation intellectuelle qu'à la faveur d'une véritable indigence de cette dernière éducation. Les hommes libres, conviés par leur vocation citoyenne aux discussions et aux décisions de l'agora, n'ont reçu que des savoirs extrêmement réduits. Voilà pourquoi il leur est loisible de hanter stades et palestres. Lorsque mathématiciens, astronomes, physiciens grecs fourniront à l'humanité ses premières connaissances véritables, l'importance de la gymnastique ne pourra que se restreindre. Et quand les progrès de l'organisation sociale et économique s'accroîtront, il faudra bien limiter le temps que l'on accordera à la culture du corps, organiser l'éducation en fonction des activités professionnelles. Platon, dans sa *République*, prend grand soin d'accommoder les exercices corporels dans leur finalité et dans leur importance aux destins des différentes classes. L'époque alexandrine qui est celle de la science grecque la plus achevée, voit presque disparaître, si ce n'est dans les programmes, l'entraînement gymnastique. La gymnastique n'est plus qu'une survivance. L'hellénisme s'achève, on le voit, sans qu'ait jamais été réalisé dans son histoire un autre équilibre que celui qui s'introduit à une époque relativement lointaine entre une âme finalement assez ignorante de la nature des choses, attachée à une morale qui n'avait pas encore reconnu les valeurs nouvelles, présent du génie grec à l'humanité, et un corps auquel, seul, était réservée l'éducation.

Le christianisme réagit contre une gymnastique de cirque dont la cruauté favorisait, chez ceux qui en étaient les spectateurs indolents ou passionnés, une joie trouble et lâche. Puis on s'avisa que la coupure entre l'âme et le corps, opérée de façon beaucoup plus radicale que par les païens, favorisait l'apparition d'une forme tout à fait originale d'éducation corporelle. Aux lieu et place d'une gymnastique capable de développer des qualités de caractère, mais conduite par ses exigences à porter ombrage aux formes les plus contemplatives de la vie de l'esprit, l'idée s'établit chez certains d'un *modus vivendi* nouveau entre l'âme et le corps. L'éducation physique se distingue alors profondément, même si elle ne s'en avise pas toujours, d'une gymnastique qui exalte la gloire du corps. Mettre le corps à sa place, le rendre disponible aux fonctions qu'il tient de l'obligation qui lui est faite d'assumer sa part de la condition humaine ; ici est l'objet de l'éducation physique. Sous la conduite d'une âme raisonnable, chargée de prendre soin de lui, le corps joue son rôle dans la grande œuvre que surnature et nature imposent à l'homme.

Cette façon nouvelle d'entendre le destin du corps était riche de promesses. Mais, comme toute autre éducation, l'éducation physique se trouva prise dans les remous que provoque, à partir du XVIIIe siècle, la constatation, alors nouvelle, de l'évolution de l'humanité. Fallait-il privilégier la nature profonde de l'homme par l'abandon des formes dérivées et artificielles de l'existence, le retour aux comportements d'avant la civilisation ? Ou fallait-il, au contraire, se refuser aux sollicitations d'un naturisme facilement rétrograde, entreprendre d'agir sur le corps de l'homme pour le rendre apte aux activités exigées de lui par son appartenance à une société, à une nation, par son souci d'effacer les imperfections et les tares de la nature ? Une querelle s'engagea entre théoriciens de l'éducation physique. Il n'est pas sûr qu'elle soit aujourd'hui terminée.

Elle eut en tout cas pour conséquence de rendre beaucoup plus ardu le rapprochement de l'éducation physique et de l'éducation traditionnelle. Des raisons évidemment solides empêchent ceux pour qui il n'est d'éducation que de l'esprit de désigner de ce nom des courses, des sauts, des pirouettes. L'Université n'a que faire de ces pratiques, lors même qu'elle n'en conteste pas l'utilité. Mais le rejet de l'éducation physique sera d'autant plus justifié que celle-ci sera dilacérée entre des théories. Si les traits de l'éducation physique ne peuvent être fixés par ceux qui tentent de la constituer, à plus forte raison n'offrira-t-elle aux autres qu'une image brouillée dont est absent le visage de l'éducation. A quoi il convient d'ajouter qu'incapables de se donner et d'explorer un domaine propre, les éducateurs physiques furent souvent contraints de se contenter d'un rôle où l'éducation ne trouvait guère sa place. Auxiliaires du médecin, lorsqu'ils s'employaient sous sa direction à assurer ou ranimer la santé, l'apparition et l'extraordinaire développement du sport faisaient d'eux de simples entraîneurs.

Ce qu'on continua d'appeler éducation physique demeura donc en marge de l'activité éducative. On ouvrit des instituts d'éducation physique, mais on les garda soigneusement en lisière des Universités. Il s'agissait uniquement de créer un corps de professeurs dont la fonction était de restaurer chez des enfants une morphologie défaillante, de les distraire, d'effacer cette fatigue que laisse, dans la jeunesse des âmes et dans celle des corps, un mode de vie dont on convenait qu'il n'était pas pour eux plaisir ni besoin, mais astreinte rendue nécessaire par la perspective de la vie qu'adultes ils auraient à mener.

Nous sommes bien loin de cette incorporation de l'éducation physique à l'Université que nous célébrons. Aujourd'hui encore, en de nombreux pays, ceux qui éduquent le corps, et auxquels il a fallu faire place dans les établissements d'enseignement, ne sont considérés comme des «professeurs» que parce qu'on manque d'un mot pour les désigner. Comment, alors, ne pas s'étonner des changements accomplis ici, ne pas s'interroger sur les causes qui les ont rendus possibles?

Sans doute les éducateurs physiques, et bien d'autres avec eux, ne manquent-ils pas d'arguments pour affirmer les droits du corps, l'injuste discrédit dans lequel il est tenu et, avec lui, ceux qui se donnent pour tâche d'en accroître la perfection et les pouvoirs. Mais, depuis des siècles, que de lances rompues en pure perte dans l'intérêt de l'éducation physique! Son statut n'en avait pas été, pour autant, changé. Il était vain d'espérer transformer par les seules ressources du raisonnement un état de choses consolidé par la résistance que les structures sociales opposent à ceux qui tentent de les modifier. Il fallait donc que des réalités sociales elles-mêmes viennent se substituer à une argumentation stérilisée, ou plutôt s'ajouter à elle et en permettre ainsi le renouvellement. Le sport a joué, à cet égard, un rôle décisif. Il a été comme le bélier ou, pour prendre une image plus moderne et qui, à ce titre, lui convient mieux, l'explosif grâce auquel les murailles qui défendaient aux activités physiques l'accès des campus ont été enfoncées.

Lorsqu'une Université constitue, comme aux Etats-Unis, une véritable cité, isolée du contexte urbain, il est nécessaire, pour que les étudiants sportifs puissent s'entraîner, de leur assurer les conditions matérielles de leur entraînement. C'est ainsi que les stades prennent place à l'intérieur de l'Université. L'obligation, le plus souvent faite à tous les étudiants, de s'adonner à des activités sportives confère aux rencontres sportives et à leur préparation une importance essentielle. Cependant, quel que puisse être le bouleversement des habitudes universitaires, la matérialité même du sport à l'intérieur des campus n'aurait sans doute pas suffi à transformer en profondeur les relations de l'éducation physique et de l'Université, à réduire l'ostracisme dont une culture du corps faisant l'objet.

Mais le sport ne s'est pas contenté d'agir par sa seule présence à l'Université. Partout installé, il s'est trouvé rapidement à l'origine d'effets que l'on peut appeler secondaires. C'est ainsi qu'il a contribué à oblitérer des sentiments anciennement établis : le mépris du corps, ou seulement cette pudeur qui pousse tant de gens à rougir de se dévêtir, à considérer les regards d'autrui comme attentatoires à leur intimité. Le sport a réduit et dissout toutes ces manières d'être, ces refus où s'exprimaient, le plus souvent, la honte du corps et le souci de le garder secret. Il a fait plus : il a glorifié un corps dont la beauté, l'énergie ou le savoir technique sont à l'origine des exploits accomplis sur le stade et immédiatement communiqués à la ville, à la province, au monde entier.

Et, peu à peu, le sport, issu des entrailles mêmes d'un peuple, non des laboratoires où s'élaborent les systèmes, était adopté par les masses, devenait chose sociale tellement insolite et d'une telle ampleur qu'il fournissait un objet privilégié d'études. Les jeunes sciences humaines s'avisaient de sa monstrueuse présence ; elles examinaient la diversité des représentations auxquelles ses officiants, ses rites, ses pompes donnent lieu. Des éducateurs découvraient que le sport sait aussi éviter à l'enfant de se replier sur lui-même, lui donner, avec la fréquentation et l'affrontement des autres, la volonté de s'affirmer, le courage de s'opposer, constitue pour lui une école de virilité. Des physiologistes, des médecins apprenaient de lui des traits et des pouvoirs de la machine humaine qu'ils ignoraient. Ils se mettaient à leur tour à son service, s'employaient à le faire profiter de leurs découvertes, tentaient de répondre aux questions qu'il leur posait. Le sport devenait ainsi beaucoup plus qu'un mot servant à désigner un ensemble de compétitions qu'engagent des hommes animés du désir de vaincre un adversaire, des choses ou de franchir leurs limites propres. Il apparaissait comme un phénomène social de première grandeur que les Universités, quand bien même elles n'eussent pas participé à son développement et à son expansion , ne pouvaient refuser de faire entrer chez elles, au moins comme objet d'étude.

La médecine, de son côté, si elle sait, à l'occasion, se faire conseillère du sport, s'est avisée, plus qu'à aucun autre moment de son histoire, que le mouvement constitue un moyen préventif et curatif d'une exceptionnelle importance. Il faut rectifier une représentation inexacte et tentante des causes et des effets : les exercices physiques n'ont pas été imaginés et élaborés par des médecins pour être ensuite appliqués par les éducateurs physiques. Le processus a été inverse : jusqu'au début du XIXe siècle, époque où la physiologie balbutie encore, le maître d'éducation physique utilise les observations que lui permet un contact constant avec des jeunes sujets pour confectionner des exercices capables de les servir. Plus tard, la physiologie une fois constituée comme science, les éducateurs physiques qui, souvent, ne la connaissent pas moins bien que les médecins, et à qui leurs fonctions confèrent un rare pouvoir d'observation, continueront, en collaboration ou non avec les médecins, quelquefois médecins eux-mêmes, à agencer des moyens, qui, par la seule vertu du mouvement, en dehors de toute intervention chirurgicale, en l'absence de drogues, permettront au corps de se guérir lui-même ou de s'assurer pour l'avenir.

La multiplicité des études auxquelles ont donné lieu le sport et la gymnastique, la diversité infinie des apports qu'ils ont fournis et que nul ne saurait ignorer pour peu qu'il ait la charge de guider ceux qui souhaitent pratiquer les sports ou prendre soin de leur corps, ont véritablement changé le statut du professeur d'éducation physique et jusqu'aux représentations qu'on s'en fait couramment. L'habitude ne s'est pas entièrement perdue de ne voir en lui qu'un démonstrateur, une belle brute douée par la nature de moyens physiques hors du commun, mais ignorant aussi que la tête est autre chose qu'un moyen de renvoyer une balle quand on n'a pas le droit ou le pouvoir de s'y prendre autrement. Cependant une expérience constante, à laquelle nul pays n'a su échapper, enseigne que les professeurs d'éducation physique déjouent toute référence à un tel modèle. Leur formation, leur culture générale ne diffèrent pas de celles des autres étudiants : il est exigé d'eux autant que de leurs camarades qui entrent à l'Université. Et leurs années de formation ne sont pas moins longues. Ceux qui ont la charge du corps se voient à présent réclamer une connaissance des choses du corps qui ne se limite pas à une vulgarisation superficielle de données anatomiques, à une simplification des grands mécanismes de la physiologie.

Ainsi l'Université s'est d'abord ouverte à la pratique du sport. Cette pratique a ensuite donné lieu à des études nombreuses, menées de points de vue différents et qui, lorsqu'elles étaient conduites avec objectivité, par des théoriciens des sciences humaines, des médecins ou des éducateurs physiques, fournissaient des renseignements sur l'homme et grossissaient le trésor de connaissances qu'il incombe à l'Université de constituer et de divulguer.

Le pas ultime consistait à accorder à l'éducation physique et au sport une entière égalité avec les autres disciplines, à ajouter, sur la grande table où viennent s'apaiser les fringales de savoir et d'action, l'assiette de l'éducation physique. Ceux mêmes qui se félicitent qu'une telle promotion vienne transformer le sort de l'éducation physique ne sauraient, on le voit, soutenir que leurs plaidoyers ont été à l'origine de cette mutation. Pendant des siècles des hommes ont défendu la cause du corps et tenté, sans y parvenir, de lui faire accorder une place qui serait à la mesure de son importance. Pour qu'ils réussissent, il aura fallu que leurs arguments fussent lestés d'une force que seule le sport pouvait leur imprimer. Les forteresses universitaires sont de celles que les mots ne suffisent pas à faire tomber, à peine à ébranler. Les choses ont eu, en la circonstance, des pouvoirs que la parole ne possède pas.

Le département d'éducation physique fait, à présent, partie de l'Université. Mais rien n'est jamais terminé. Les aboutissements sont toujours aussi des points de départ. Il n'est sans doute pas raisonnable d'essayer de prévoir un avenir que bien des facteurs, ignorés de nous, contribueront à façonner. Au moins peut-on tenter de l'anticiper pour autant qu'on se croit capable d'y prétendre sans trop de ridicule. Le professeur de Faculté s'affligera d'abord, refusera dans le fond de son cœur, de partager son titre avec un collègue en survêtement. Il se demandera si les longues études, les apprentissages abstraits, les recherches délicates ne sont pas bafoués dès lors qu'on les met sur un pied d'égalité complet avec des roulades ou des pirouettes qu'un histrion élevé dans la poussière des cirques réussit au reste beaucoup mieux. Le calculateur déniera au sauteur une place qu'il réputera acquise par la violence ou par l'imposture.

Je ne pense pas que la vie universitaire sera longtemps perturbée. On s'accoutumera à tenir les intrus pour ce qu'ils sont réellement, dans leur majorité : des gens doués de savoir et disposant de techniques solides, des chercheurs soucieux de perfectionner les uns et les autres. S'ils continuent, ce qui est probable, à se voir créditer d'un moindre prestige intellectuel, vite ils comprendront que l'Université est ainsi faite : les disciplines, les hommes ne cessent de se comparer, de se juger, de s'affirmer par le décri du voisin. Tout cela n'est pas bien grave, et le professeur d'éducation physique trouvera sa consolation, s'il en est besoin, dans l'envie que sa santé, sa prestance et jusqu'à ce survêtement bariolé provoqueront dans les départements intellectuels.

Des habitudes se prendront. Et les choses arriveront d'autant plus facilement à leur équilibre que l'agrégation d'éducation physique à l'Université ne modifie pas la vocation de cette dernière. Au contraire elle lui permet de s'accomplir plus pleinement. L'Université est, en effet, le lieu où la jeunesse vient s'instruire des connaissances et des pouvoirs humains. Il est naturel que cette jeunesse y apprenne les mécanismes et les régulations qui font du corps la merveille que nous savons à peine ; naturel aussi qu'elle s'inquiète des recettes grâce auxquelles l'harmonie du corps peut être restaurée, en certains cas établie. Et les arts du corps sont, au même titre que belles lettres ou beaux-arts, éprouvés comme un besoin. Ils donnent lieu, eux aussi, à une recherche de la joie esthétique, à cette intense satisfaction qui naît en l'homme lorsqu'il domine et façonne une matière, qu'elle soit minérale, verbale ou corporelle. On s'apercevra décidément que l'éducation physique, loin d'être, dans l'Université, celle qu'il a bien fallu laisser entrer, tant était grande la pression qu'elle exerçait sur la porte, est le complément dont l'Université avait besoin pour être plus rapidement fidèle à sa vocation.

Avouerai-je que ces perspectives m'inquiètent? J'ai peur que l'éducateur physique ne prenne trop au sérieux son rôle d'universitaire. J'appréhende qu'il ne devienne exclusivement homme de recherche, qu'il ne s'imagine que sa tâche a été suffisamment accomplie lorsqu'il a suivi la physiologie dans ses avancées les plus actuelles et les plus aventureuses ou lorsqu'il a trouvé le petit détail technique qui permettra au sauteur de monter plus haut d'une fraction de centimètre, au coureur de se dépasser d'un centième de seconde.

Ses vrais amis souhaiteraient que l'éducateur physique n'oublie pas que sa vocation et son rôle sont d'abord d'éduquer. Un universitaire peut bien prendre l'audace de confier à d'autres universitaires qu'à son avis la conscience des tâches éducatives se perd à l'Université. On y apprend les mathématiques ou l'astronomie, la médecine ou le Code civil. Et, comme tout arrive, certains professeurs savent même faire un cours. Là se limitent leurs préoccupations pédagogiques. Il n'est pas utile, pour étudier la sémiologie et la théorie des ensembles, de chercher sans cesse la raison de ce qu'on fait. Il suffit que l'étudiant se prépare à son métier, que le professeur lui en communique les rudiments. L'enseignement collégial, lui, donne lieu à un cursus, d'ailleurs périodiquement remanié en raison des conditions nouvelles qu'imposent à l'éducation des transformations politiques, économiques, ou autres. Il devrait donc être une véritable éducation. Cependant ses objectifs éducatifs s'estompent. Il est tellement consolidé pour l'essentiel, ses domaines sont tellement fractionnés qu'il leur arrive d'être enseignés dans l'oubli des domaines limitrophes.

L'éducation physique, elle aussi, s'est souvent laissé séduire par la même tentation du pluralisme. Délaissée, abandonnée à elle-même, elle a pensé trouver une justification en s'orientant vers les activités les plus populaires. Pour bien des gens, et aussi pour bien des éducateurs physiques, l'éducation physique se confond avec la gymnastique médicale et l'entraînement sportif. Il faut que l'éducation physique se voie prévenue du danger qu'elle court, par démagogie ou indigence intellectuelle, en acceptant une telle assimilation. Elle risque, à oublier ses préoccupations éducatives, d'en être sévèrement punie, reléguée à un rôle qui la subordonnerait au médecin, ou ferait d'elle l'intendante des distractions sportives.

Qu'elle ait conscience, à l'Université Laval, de son rôle d'éducatrice, j'en retiendrai deux preuves. Les éducateurs physiques n'y prétendent pas seulement former de futurs professeurs. Ils ont conquis et justifié la magnificence de leurs installations en les destinant à l'ensemble des étudiants de toutes les facultés. En outre – fait bien remarquable – ils se trouvent agrégés à la Faculté des sciences de l'éducation. Ainsi s'exprime le refus opposé par l'éducation physique à une spécialisation qui la rendrait exagérément technicienne.

Mais il faudra qu'elle fasse avantage. Elle devra élaborer une véritable théorie de l'éducation physique, à l'intérieur de laquelle la gymnastique médicale et le sport trouvent leur place mais avec laquelle ils ne se confondent pas. L'urgence d'une telle théorie est grande. Il suffit sans doute pour la formuler de prendre claire conscience de ce qu'est l'éducation humaine. Depuis ses origines, l'humanité a accompli un bien grand voyage. Les connaissances, les techniques, les arts, les valeurs constituent une immense culture que l'humanité s'est donnée. L'éducation n'est rien d'autre que l'entreprise par laquelle les adultes préparent la jeunesse au statut d'existence qui, compte tenu des conditions de fait et des valeurs qui s'imposeront à elle, sera le sien. Si dépendante qu'elle soit des conditions sociales ou économiques, ses tâches, dans leur principe, ne sont pas douteuses. Il lui faut, de toute urgence, assurer l'essentiel : ce minimum de santé et de connaissances sans lequel rien ne se fait : en seconde urgence, rendre possible l'activité professionnelle à venir. Elle devra aussi, quoique l'entreprise soit moins immédiatement exigible, assurer à l'homme ces moments de délassement où s'accomplissent les jeux et ces activités qui ont toujours été tenues, par ceux qui y ont réfléchi, pour apparentées au jeu : les activités esthétiques. L'éducation physique ne peut que s'accommoder des impératifs éducatifs : elle est elle-même œuvre de culture et se donne pour fin de promouvoir cette culture en agissant sur des êtres humains. Il est à souhaiter que les éducateurs physiques échappent à la tentation de justifier leur appartenance à l'Université en se proposant des buts et en accomplissant des tâches que le mimétisme expliquerait sans les justifier. C'est en étant vraiment eux-mêmes, c'est-à-dire des éducateurs, qu'ils appartiendront vraiment à l'Université.

TABLE DES MATIÈRES

Imprimerie de la Manutention à Mayenne — septembre 1993 — N° 224-93